안드로메다에서 찾아온 사회 개념 2

안드로메다에서 찾아온 사회 개념 2

초판 1쇄 인쇄 2013년 5월 20일
초판 1쇄 발행 2013년 5월 27일

글쓴이 김진욱
그린이 조국희
펴낸이 김두희

총괄이사 허두영
기획·편집 변유경 진숙현 송지혜
디자인 최은영
마케팅본부장 이경민
출판마케팅팀장 김재필
출판마케팅팀 이상민 이정희 이성우 김지원
제작 박주현
인쇄·제본 삼조인쇄
용지 에코페이퍼

펴낸곳 (주)동아사이언스
등록일 2001년 3월 15일(제312-2001-000112호)
주소 (120-715) 서울시 서대문구 충정로 29 동아일보사옥 16층
전화 (편집) 02-3148-0833 (마케팅) 02-3148-0773
팩스 02-3148-0809
이메일 books@dongaScience.com
홈페이지 www.dongaScience.com

ISBN 978-89-6286-128-0 (64300)

※ 책 가격은 뒤표지에 있습니다.
※ 잘못된 책은 바꿔 드립니다.

과학동아북스

과학동아북스는 과학문화창조기업 (주)동아사이언스의 출판 브랜드입니다.
다양한 콘텐츠를 바탕으로 유익한 과학책을 만들고자 노력하고 있습니다.

현직 교사가 직접 뽑은 사회 교과 핵심 개념 50

안드로메다에서 찾아온 사회 개념 2

주요 단원 가족 · 성 역할 · 전통 의례

글쓴이 김진욱 그린이 조국희

과학동아북스

추천하는 말

인문환경이 도대체 뭐야? 자연환경은? 논밭은 자연환경일까, 아니면 인문환경일까? 산촌? 산지촌? 어느 것이 맞는 거지? 핵가족, 확대 가족은 또 뭘까? 가족이면 가족이지 무슨 무슨 가족은 왜 이렇게 많은 거야?

사회를 공부하다 보면 누구나 한 번쯤은 위와 같은 궁금증을 가져 봤을 거예요. 더구나 '사회'라는 교과서를 만난 학생들이라면 말이죠. 교과서나 참고서에 나온 단어 풀이를 보면서 궁금증을 속 시원히 해결할 수 있다면 좋겠지만 그렇지 않은 경우도 많아요.

그렇다면, 논밭은 자연환경일까요, 인문환경일까요? 3학년 사회 교과서에는 이렇게 나와 있습니다.

> 우리 고장에는 산, 들, 하천, 바다, 기후와 같은 자연환경이 있습니다. 그리고 사람들이 만든 집, 학교, 도로, 논밭, 공장 등의 인문환경이 있습니다.

교과서를 살펴보면 논밭은 인문환경이군요. 논밭에는 벼나 콩, 채소 등의 식물들이 자라고 있는데 왜 자연환경이 아닌 인문환경일까요?

사회과는 우리가 생활을 살아가는데 필요한 기본 지식과 능력을 습득하고 창의적인 자세로 일상생활을 할 수 있도록 도와주는 교과이기는 하지만, 어린이들이 이해하기에 어렵고 골치 아픈 개념들이 많이 나와서 곤란을 겪는 과목 중의 하나입니다.

「안드로메다에서 찾아온 사회 개념」은 어렵고 골치 아픈 사회 교과의 개념을 저 멀리 우주에 있는 안드로메다로 날려 보낸 지구 어린이들의 이야기로 시작됩니다. 바로 나의 이야기이면서 내 친구의 이야기이기도 하지요.

이 책에는 안드로메다로 날려 보낸 개념을 다시 지구 어린이에게 돌려주기 위한 아작과 메타 요원 그리고 지구 아이들이 보낸 개념을 빼앗아 우주를 정복하려는 우주 악당 원팍과 투팍 형제가 펼치는 좌충우돌 무용담(?)이 담겨 있습니다. 어린이들은 이 책을 읽으면서 골치 아픈 개념을 날려 보낸 어린이도 되고, 안드로메다의 아작과 메타 요원도 되고, 때로는 우주 악당도 되어서 사회과 개념 큐브를 함께 찾아가는 동안 깔깔깔 웃으며 신 나고 재미있게 사회과의 중요한 개념들을 익히게 될 거예요.

아무쪼록 이 책은 어린이들이 스스로 탐구하며 배워 가는 학습력을 마련해 주고, 학부모에게도 자녀의 사회 공부에 도움을 주는 지침서가 될 것으로 기대합니다.

기획위원 이희란, 노영란

글쓴이의 말

왜 사람들은 개념을 안드로메다로 보낸다고 표현할까요?

가까운 산이나, 바다도 아니고 무려 230만 광년이나 떨어진 안드로메다 은하로 말이죠. 글을 쓰기 전, 먼저 이 질문에 대해 한참을 고민했습니다. 개념은 일반적으로 어떤 사물에 대한 뜻이나 내용을 가리켜요. 이렇듯 기본적으로 알고 있어야 할 사항인데, 그 개념을 도저히 되찾아 올 수도 없는 멀고 먼 곳으로 보내 버렸다는 의미겠지요.

이 책에 등장하는 아이들은 어느 날 안드로메다에서 왔다는 외계인의 방문을 받습니다. 이 외계인, 아니, 안드로메다 특수 요원들은 택배 상자를 들고 지구의 어린이 앞에 나타나지요. 그 안에는 아이들이 안드로메다로 보내 버린 개념을 담은 큐브가 들어 있습니다. 하지만 그 개념 큐브를 노리는 우주 악당도 있습니다. 악당은 개념 큐브로 만든 바이러스로 지구를 혼란 속에 빠뜨리려고 하지요.

그런 우주 악당으로부터 지구를 구하는 길은 바로 개념을 보냈던 지구 아이들의 활약에 달려 있습니다. 아이들은 개념을 찾는 일에 시큰둥하다가 우주 악당과 대결하면서 자신 앞에 놓였던 고민들까지 해결되는 기쁨과 감동을 맛보지요.

학습 개념을 설명하는 건 어렵지 않습니다. 하지만 그 개념을 제대로 이해하는 것은 어렵습니다. 이 책에서는 억지로 개념을 외우게 하지도, 설명식으로 풀어 놓지도 않았습니다. 대신 관련 개념으로 펼쳐진 상황 속으로 들어가 그 안에서 신 나는 모험을 즐길 수 있도록 했습니다. 개념과 놀며 자연스레 이해하는 것에 중점을 둔 것입니다.

밤하늘의 별들을 가만히 보세요. 그 가운데 안드로메다 은하에서 유난히 반짝거리는 별이 있을 겁니다. 그리고 그 별엔 지구인들이 보낸 수많은 개념을 쌓아 두고 끙끙거리며 고민하는 외계인이 있겠지요. 미래의 어느 날, 그 외계인들이 바로 그 개념들을 잔뜩 싣고 여러분을 찾아올지도 모르는 일입니다. 그럴 때면 넙죽 받지 마시고 책 속의 아이들처럼 한 번쯤 튕겨 보세요. 그리고 함께 신 나는 모험을 해 보세요. 상상만으로도 즐겁지 않나요?

글을 쓰는 동안 내 발은 지구의 땅에 붙어 있었지만, 머리는 안드로메다에 가 있었습니다. 어쩌면 외계인이 한 명씩 방문해서 돌려주기 귀찮으니 나에게 찾아왔을지도 모르는 일이지요. 더 많은 친구들이 책으로 재미있게 개념 공부를 할 수 있다면, 언제든지 안드로메다 인에게 내 머리를 빌려 줄 거예요.

좋은 책이 나올 수 있도록 힘껏 도와주신 초등학교, 중학교 선생님들께 감사드립니다.

김진욱

차 례

4장 문화가 정말 달라

5장 생활 습관은 모두 다른 거라고!

6장 전통 의례는 필요 없어!

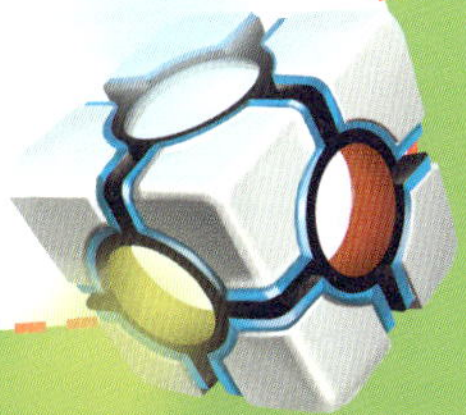

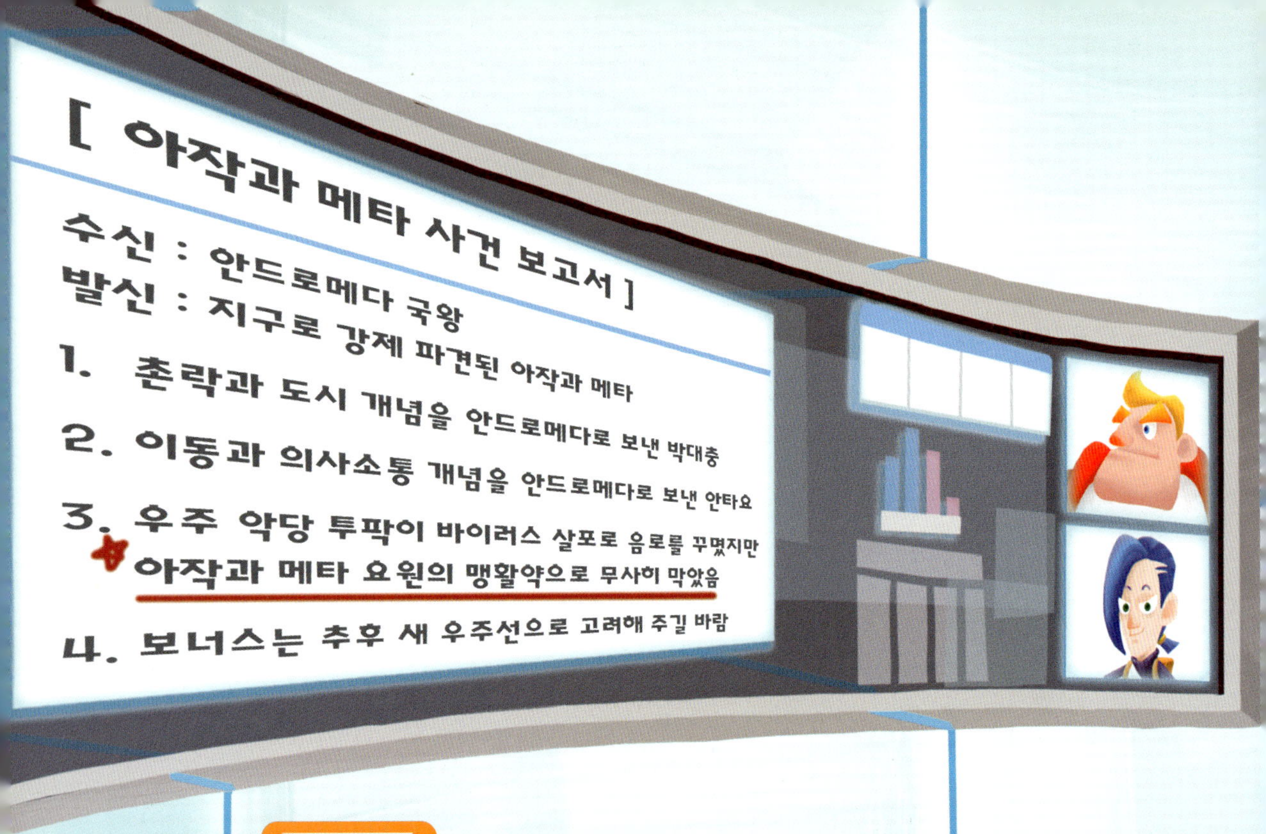
[아작과 메타 사건 보고서]
수신 : 안드로메다 국왕
발신 : 지구로 강제 파견된 아작과 메타
1. 촌락과 도시 개념을 안드로메다로 보낸 박대충
2. 이동과 의사소통 개념을 안드로메다로 보낸 안타요
3. 우주 악당 투팍이 바이러스 살포로 음로를 꾸몄지만
아작과 메타 요원의 맹활약으로 무사히 막았음
4. 보너스는 추후 새 우주선으로 고려해 주길 바람

프롤로그

"그야말로 자화자찬이군!"

안드로메다 국왕은 화장실에 앉아 지구에서 온 보고서를 읽으며 혀를 내둘렀다. 아작과 메타는 역시 정예 요원답게 순조롭게 일을 처리하는 듯 보였다. 하지만 예상대로 우주 악당들이 지구로 모여들고 있었다. 다른 요원들의 보고에 따르면, 투팍만이 문제가 아니었다.

"모든 요원들에게 경고해 줘야 해!"

국왕은 의자에 있는 버튼을 누르며 명령했다.

"당장 아작과 메타 요원을 연결하도록!"

국왕의 의자 앞쪽으로 파란빛이 휘도는 홀로그램 영상이 떠올랐다.

같은 시각 지구의 하늘을 날던 우주선의 조종석에도 홀로그램이 떠올랐다. 갑작스런 국왕의 등장에 두 요원은 차렷 자세를 취했다. 홀로그램 속 국왕은 두 사람을 바라보며 물었다.

"또 다른 개념 큐브를 배달 중인가?"

"네! 「가족과 성 역할」에 관한 개념을 안드로메다로 보낸 한길동이라는 아이를 찾아가고 있습니다!"

메타가 아작의 앞으로 나서며 대답했다. 그러자 국왕이 고개를 끄덕이며 말했다.

"보고서는 잘 보았네. 그런데 말이야. 보너스 부분은 좀……. 너무 앞서가는 것 아닌가?"

국왕의 지적에 아작이 차렷 자세를 풀며 툴툴거렸다.

"우주선이 너무 낡았습니다! 특수 요원의 체면이 있지 않습니까?"

아작의 말에 국왕이 얼굴빛을 바꾸며 또박또박 말했다.

"아작 요원!"

"네?"

"요원이 지금까지 작전을 수행하며 부숴 버린 우주선이 몇 대인지 혹시 기억하나?"

그러자 아작은 양쪽 손가락을 펼쳐

손가락을 하나씩 접으며 세기 시작했다.

"일곱 대였던가? 아니, 여덟 대? 몇 대 더 있었던 것 같기도 하고……."

중얼거리는 아작의 모습을 보며 국왕은 슬쩍 말을 돌렸다.

"흠흠! 아무튼 지금은 이럴 때가 아니야! 원팍이 지구로 향하고 있다는 보고가 들어왔네."

"예? 원팍이요? 그 녀석은 지금 감옥에 있지 않습니까?"

메타가 놀라며 되물었다.

"후유, 글쎄 숟가락으로 땅을 파서 탈옥했다지 뭔가!"

국왕은 한숨을 쉬며 계속 설명했다.

"안드로메다 비밀 정보국(ASS)에서 원팍이 화성에 나타났다는 정보를 입수한 즉시 요원들을 보냈지만 결국 놓쳤다네. 그 뒤로는 통 찾을 수가 없지 뭔가. 동생 투팍을 따라 지구로 향했을까 봐 걱정이 이만저만 아니야!"

"아니, 우리가 힘들게 잡았는데 도망치게 놔두면 어떡합니까?"

아작이 투덜거리자 국왕이 정색하며 말했다.

"아니, 최첨단 감시 시스템이 숟가락 하나에 뚫릴 거라고 상상이나 했겠나? 몇 년 동안 꾸준히 땅을 팠다고 하더군. 그런데! 지금 국왕한테 따지는 건가?"

"그게 아니라 투팍 하나도 골치 아픈데 원팍까지 오면 저희 일이 너무 어려워지잖아요!"

아작의 말대로 원팍은 우주 악당 기술학교의 장학생으로, 못된 짓은 최고인 악당이었다. 어렸을 때 방사능을 심하게 쏘인 뒤로 능력치가 높아졌다

IQ 80. 하지만 못된 일을 할 때에는 머리가 쌩쌩 잘 돌아감.
보다시피 악당 타입으로 얼굴에 쓴 건 가면이 아니라 원래 갖고 태어난 무늬라는 소문도 있음.
배가 불룩 많이 나왔음. 아주 많이!
몸에 비해 다리가 다소 짧음. 100미터 완주 기록 1분 28초!
ONE PAC
UD. 999,999
A.S.S (ANDROMEDA SECRET

특이 사항

1. 우주 악당 기숙학교에서 성장. 모범 악당으로 장학금도 여러 차례 받음.
2. 가족으로는 동생 원팍이 있음. 둘 다 부모로부터 버려진 것으로 여겨짐.
3. 개념 바이러스를 퍼뜨려 우주를 정복하고 싶어 하기 때문에 개념 큐브에 대한 욕심이 아주 많음.

는 소문도 있었다.

'이런, 지구가 더 위험해지겠어!'

메타도 걱정이 되어 얼굴빛이 변하기 시작하였다. 투팍의 바이러스와 원팍의 천부적인 악당 본능이 합해진다면 무슨 일이 벌어질지 몰랐다.

"원팍이 만만치 않은 상대이지만 난 자네들의 실력을 믿네!"

국왕이 고개를 힘차게 끄덕이며 당부했다.

"개념 배달 임무를 끝까지 성공시켜 주길 바라네! 이번에 새로 만든 원팍의 수배 포스터도 보내 줄 테니 잘 확인하고!"

국왕이 대화를 끝내려고 하자 아작이 서둘러 앞으로 나서며 말했다.

"국왕님, 우주선은 바꿔 주실 거예요?"

"이궁, 일단 우주 악당들이나 잡고 다시 얘기하도록!"

국왕은 얄밉게 그 말만 남기고 싹 사라져 버렸다. 홀로그램에는 원팍의 수배 포스터만 달랑 떠 있었다.

"우리가 원팍 녀석 얼굴을 잊었을까 봐 포스터를 보내 주신 거야? 참 내, 우주선 얘기만 꺼내면 말씀을 돌리신다니까!"

아작은 우주선 안쪽에서 달랑거리는 청 테이프와 허술한 땜질 자국을 보며 투덜거렸다.

"지금 우주선이 문제가 아니야!"

메타가 홀로그램 속 원팍의 얼굴을 가까이에서 확인하며 말했다.

"원팍, 이 녀석이 지구로 온다면 기필코 잡아야 해!"

1장 우린 가족도 아니야!

WANTED
ONE PAC
DEAD or ALIVE
UD. 999,999,999
A.S.S (ANDROMEDA SECRET SERVICE)
근신

우주 악당 장학생, 원팍의 등장

◎◎◎ 딩동!

아작과 메타는 길동이네 집에 도착해 벨을 눌렀다. 그러자 곧 기다렸다는 듯이 한 아이가 문을 열고 나타났다. 얼굴이 오이처럼 길쭉한 아이였다. 아이는 아무 말 없이 두 요원을 빤히 쳐다볼 뿐이었다. 메타는 개념을 전달할 때마다 말했던 첫마디를 꺼냈다.

"네가 길동이지? 우리는 안드로메다에서 온 특수 요원인……."

그러나 말이 채 끝나기도 전에 길동이가 말을 가로챘다.

"제 개념을 돌려주러 온 건가요?"

"응! 으응?"

당황한 두 요원이 우물쭈물하는 사이 길동이가 손을 척 내밀며 다그치듯 말했다.

"그럼 얼른 주세요!"

길동이가 한발 앞서 행동하자 요원들은 점점 더 크게 당황했다. 개념을 안드로메다로 날려 버린 것치고는 상당히 똘똘한 아이 같았다. 아작이 싱긋 웃으며 말했다.

"오호, 우리 소문을 이미 들었나 보구나? 그러게 왜 「가족과 성 역할」 개념을 안드로메다로 보내 버렸어?"

"실수였다고 해 두죠."

길동이는 어른스럽게 대답한 뒤 빨리 돌려 달라는 듯 손을 흔들었다.

"빨리 달라잖아!"

아작은 망설이는 메타를 보며 재촉했다. 그동안 큐브를 돌려줄 때마다 일일이 설명하는 게 힘들었는데 미리 다 알고 있으니 이렇게 편할 수가 없었다. 메타가 길동이의 손에 화이트 큐브를 올려놓자, 웬일인지 길동이의 손이 덜덜 떨렸다.

"감사합니다. 살펴 가세요."

길동이는 큐브를 받자마자 냉큼 문을 닫으려 했다.

"잠시만!"

메타가 재빨리 문 사이로 발을 집어넣으며 말했다.

"왜, 왜요? 볼일 다 끝난 것 아니에요?"

길동이가 묻자 메타가 고개를 저으며 말했다.

"큐브만 받는다고 끝나는 게 아니야. 네가 진심으로 개념이 필요하다고 느끼고 잘 이해해야만 개념 원구가 너를 주인으로 알아보고 반응할 거야. 그때 비로소 개념이 다시 네 것이 되는 거지!"

"걱정 마세요. 공부 잘하고 있을게요."

길동이가 다시 문을 닫으려 했지만 메타도 만만치 않았다.

"그래도 주의 사항 몇 가지는 더 들어야 해."

길동이가 할 수 없다는 듯 한숨을 쉬며 말했다.

"어휴, 그럼 얼른 이야기하세요."

"사실 개념 큐브를 노리는 우주 악당이 있어. 그 악당은 블랙 큐브를 이용해 개념 바이러스를 만들어 낼 수 있지. 그걸로 지구를 위험에 빠뜨리려 할 거야. 그리고……."

메타의 말이 길어질 듯하자 길동이가 짜증을 내며 말을 끊었다.

"아저씨, 빨리 요점만 말씀하세요. 6시 뉴스를 봐야 한단 말이에요."

"뉴스를 본다고?"

"그렇다니까요!"

길동이의 큰소리에 당황한 메타는 순식간에 설명을 끝냈다. 그러자 길동이가 이제 됐냐는 듯 묻는 표정으로 다시 말했다.

"다 끝났죠? 그럼 저 들어갑니다."

"그, 그래!"

메타가 떨떠름한 표정으로 고개를 끄덕이는 것과 동시에 현관문이 쾅 하고 닫혔다. 아작이 싱글벙글 웃으며 메타를 바라보았다.

"우와, 길동이 같은 아이만 있으면 개념 배달할 만하겠는데? 말귀도 딱딱 알아듣고 개념을 돌려준다고 해도 전혀 반항하지 않고 말이야."

하지만 메타는 여전히 고개를 갸우뚱하며 말했다.

"조금 이상한 점 못 느꼈어?"

"이상하다니, 뭐가? 오랜만에 개념 있는 어린이를 만났는데? 이상하기는 뭐가 이상……해? 어……?"

아작도 뭔가를 느꼈는지 말꼬리를 흐렸다. 메타가 급하게 물었다.

"6시 뉴스라니! 초등학생이 뉴스를 꼭 봐야 한다는데 이상하지 않아?"

"그렇지! 어렸을 때 가장 싫은 일 가운데 하나가 만화영화 할 시간에 아빠가「오늘의 우주 뉴스」를 보는 거 아니었어?"

아작이 메타의 의견에 공감하며 말했다.

그렇다면 둘 중 하나였다. 여기가 길동이네 집이 아니든가, 또는 조금 전 그 아이가 길동이가 아니든가! 확인할 방법은 오직 하나였다. 다시 길동이를 불러내는 것! 메타는 더 생각할 필요도 없이 곧바로 벨을 눌렀다. 하지만 집 안에서는 아무런 반응이 없었다. 개가 짖는 소리만 아주 약하게 들려올

뿐이었다. 아작은 계속 벨을 누르는 것도 모자라 문을 쾅쾅 두드리기 시작했다. 그제야 현관문이 살짝 열리면서 길동이가 다시 고개를 내밀었다.

"아직도 안 가셨어요? 바쁘실 텐데 볼일 다 봤으면 얼른 가셔야죠."

길동이가 퉁명스럽게 말했다.

"개념 큐브가 바뀐 것 같아서 확인 좀 해야 할 것 같아. 다시 줘 봐라!"

아작이 손을 내밀며 말했다.

"왜요? 왜 다시 달라고 해요?"

길동이가 따지듯 물었다.

"잘못 준 것 같다니까! 이리 줘 봐!"

"싫어요. 원래 내 거잖아요."

아작이 길동이와 티격태격하는 동안에 메타는 열린 문틈으로 집 안을 얼른 훑어보았다. 곧 소파에 아무렇게나 벗어 놓은 망토가 보였다.

'혹시, 저건 투팍의 망토?'

망토가 정말 투팍의 것인지는 바로 확인해 볼 수 있었다. 메타는 단박에 길동이의 티셔츠를 확 걷어 올렸다.

"아니, 이게 무슨 짓이에요?"

길동이가 잽싸게 티셔츠를 잡아 내리며 소리 질렀다. 하지만 메타는 이미 티셔츠 안의 쫄쫄이를 확인한 뒤였다. 쫄쫄이와 망토라……. 더는 고민할 필요가 없었다. 메타가 큰 소리로 외쳤다.

"너, 투팍이지!"

"아, 아닌데요!"

길동이가 고개를 저으며 문을 닫으려 했지만, 아작이 재빨리 문고리를 잡고 놓지 않았다. 길동이가 낑낑 힘을 써 봤지만 아작의 엄청난 힘을 당해내기에는 역부족이었다. 게다가 메타까지 함께 문을 잡아당기자 길동이의 몸에서 갑자기 생각하지도 못한 반응이 나타났다.

"뽀오옹~!"

순간 방귀와 함께 몸 안의 변신 가스가 빠져 나가면서 길동이의 모습이 변하기 시작하였다. 역시 그 아이의 정체는 우주 악당 투팍이었다.

"내 이럴 줄 알았지. 빨리 큐브를 내놔!"

메타가 화난 얼굴로 크게 소리치자, 투팍은 문을 잡아당기던 손을 갑자기 확 놓아 버렸다.

"아이쿠!"

그 탓에 두 요원은 뒤로 넘어져 엉덩방아를 찧었다.

가족의 개념은 필요 없다고!

◎◎◎ 두 요원이 넘어진 틈을 타서 투팍은 베란다 창문을 향해 죽을힘을 다해 뛰기 시작했다. 현관이 막혔기 때문에 창문이 유일한 탈출구였다. 여기서 잡히면 큐브를 빼앗기는 게 문제가 아니라 안드로메다 감옥으로 끌려 갈 터였다. 그러는 와중에도 투팍은 소파에 벗어 둔 우주 장인의 망토를 챙기는 걸 잊지 않았다. 투팍은 창틀 위로 단숨에 뛰어오른 뒤, 두 요원을 바라보며 메롱 하고 약을 올렸다. 뒤늦게 정신을 차린 아작이 투팍의 모습을 보며 외쳤다.

"멈춰! 뛰면 안 돼!"

"안 되긴 뭐가 안 돼! 모두 안녕!"

투팍은 밖으로 몸을 돌리며 풀쩍 뛰어내렸다. 그때 아작이 못다 한 말을 외쳤다.

"여기는 30층이라고!"

"헉!"

뒤에서 들리는 아작의 외침을 듣고 투팍은 그제야 자신의 실수를 깨달았다. 요원들과 실랑이하느라 길동이네가 아파트의 30층이었다는 사실을 까맣게 잊고 있었다. 투팍은 그대로 떨어지기 시작했다. 저 아래로 바닥이 점

점 가까워지는 게 보였다.

'어이쿠, 우주를 휘젓던 악당이 이렇게 지구에서 생을 마감하다니…….'

그때였다. 하늘 위에서 뭔가가 번쩍하더니 투팍을 향해 빛의 속도로 날아오기 시작하였다. 그리고 투팍이 땅에 부딪히기 바로 직전 아슬아슬하게 투팍을 낚아챘다. 투팍의 코앞으로 익숙한 땀 냄새가 솔솔 풍겨 왔다.

"이, 이 냄새는?"

그랬다. 어렸을 때부터 맡아 왔던 바로 그 냄새였다.

"괜찮냐?"

어디선가 많이 듣던 굵직한 목소리였다. 익숙한 냄새에 익숙한 목소리! 그 주인공은 전 우주를 통틀어 단 하나뿐이었다.

"혀엉~!"

투팍이 형을 쳐다보며 울먹이기 시작하였다.

"원팍 혀엉!"

"으하하핫, 그래! 내가 왔다!"

원팍은 투팍을 향해 찡긋 윙크했다. 비쩍 마른 투팍에 비해 원팍은 배가 불룩 나오고 몸집이 아주 컸다. 형제라고는 하지만 서로 비슷한 구석이라고는 찾아보기 어려웠다. 닮은꼴이라고는 얼굴에 쓴 복면 정도였다. 원팍 형제가 탄 우주선은 베란다에서 자기들을 쳐다보는 아작과 메타를 약 올리듯 공중에서 몇 번 휘휘 돈 후 저 멀리 사라졌다.

"재 혹시 원팍이야? 이런, 큰일이군……. 아 참, 진짜 길동이는 어디 있지?"

메타가 여전히 베란다에 선 채 아작을 돌아보며 물었다. 하지만 아작 역시 어깨만 으쓱거릴 뿐이었다. 두 사람은 아무리 변신을 했다고 하더라도 길동이가 아닌 투팍에게 개념 큐브를 넘겨준 일이 몹시 분했다. 그때 어디선가 문을 쾅쾅 두드리는 소리가 들렸다. 집 안 한쪽에서 나는 소리였다. 이어서 사람들의 외침 소리와 개가 짖는 소리가 함께 들렸다.

"우리 좀 꺼내 줘요!"

"살려 주세요!"

"멍멍멍!"

소리는 안방에서 들려왔다. 두 요원은 안방 문을 열려고 했지만 아무리 힘을 줘도 열리지 않았다. 자세히 살펴보니 문 바깥에 단단히 못질이 되어 있었다.

"투팍, 이 녀석!"

아작은 자기어깨를 문에 쾅쾅 부딪히며 문을 흔들었다. 몇 번을 반복하자 못들이 쑥 빠지면서 문이 벌컥 열렸다. 방 안에는 길동이와 엄마, 아빠 그리고 보이지 않을 정도로 빠르게 꼬리를 흔드는 강아지 한 마리가 있었다.

"어머, 댁들은 누구세요? 그 쫄쫄이 입은 도둑은 어디 갔어요?"

엄마가 두 요원을 보자마자 물었다.

"우리는 길동이에게 배달할 것이 있어서 왔습니다."

메타가 말하자 엄마는 길동이를 보며 말했다.

"너 또 택배 시켰니? 이번에는 뭐니? 아니, 상관없다. 그 덕분에 우리가 구출되었으니까! 근데 이 도둑은 정말 어디 갔어요?"

엄마가 쉴 새 없이 떠드는 가운데 아빠가 지친 표정을 지으며 밖으로 나왔다.

"오랜만에 집에 일찍 들어왔는데 이상한 일들만 벌어지는군!"

아빠는 소파에 벌러덩 누우며 중얼거렸다.

"당신은 뭐했어? 도둑이 들어왔으면 쫓아내야지, 그냥 당하고만 있으면 어떡해?"

엄마가 아빠를 못마땅하게 쳐다보며 핀잔을 늘어놓았다.

"내가 무슨 배트맨이야? 아니면 아이언 맨이라도 돼? 도둑을 어떻게 물리쳐?"

"그래도 남자라면 힘도 있고 용기도 있어야지!"

자존심을 박박 긁는 엄마의 잔소리에 아빠는 소파에서 벌떡 일어나 짜증을 내며 말했다.

"힘은 나보다 당신이 더 세잖아. 당신이 좀 싸워 보지 그랬어?"

"뭐? 여자한테 못하는 말이 없어. 기막혀, 정말!"

엄마가 어이없다는 듯 대꾸하자 아빠도 지지 않았다.

"돈 벌어 오는 것도 힘든데 도둑까지 싸워서 잡으라고? 당신이야말로 집에서 맨날 쉬면서 남는 힘은 뒀다가 뭐해!"

"뭐라고? 지금 날 집에서 놀기만 하는 사람으로 취급하는 거야? 집안일이 얼마나 힘들고 많은지 알기나 해?"

"어차피 그런 건 전부 여자가 해야 하는 일이잖아? 싫으면 당신이 나가서 돈을 벌어 오든지!"

두 사람을 지켜보던 안드로메다 요원들은 정신이 하나도 없었다. 길동이

네 엄마, 아빠는 가족에 대한 개념이 없고 성 역할에 관한 고정 관념만 가득했다. 길동이가 보다 못해 자기 방으로 두 요원을 데리고 들어갔다. 아작과 메타는 방에 들어가서야 안도의 한숨을 내쉬었다.

"아저씨들이 제 개념을 가지고 왔다고요? 그럼 그건 어디에 있어요?"

길동이가 두리번거리며 물었다.

"저, 그게……."

두 요원은 난처한 얼굴로 서로 바라본 뒤 머뭇거리며 투팍 이야기를 하기 시작하였다. 아작이 이야기를 끝내자 길동이는 한숨을 푹 쉬었다.

"어쨌거나 우리가 어이없이 개념을 빼앗겨서 정말 미안하다."

두 요원이 정중하게 사과하자 길동이가 대답했다.

"뭐, 상관없어요. 다시 받고 싶지도 않은걸요. 아빠는 바빠서 얼굴 보기도 어렵고, 엄마는 매일 집안일로 지친다고 잔소리만 늘어놓아요. 보시다시피 싸움은 하루가 멀다 하게 일어나고요……. 그래서 가족 개념을 보내 버렸더니 마음이 편해졌어요. 가족은 그냥 한 집에서 같이 사는 사람들이라고만 생각하니까 상처 받을 일도 없어졌고요."

길동이는 아이답지 않게 모든 것을 다 안다는 듯한 얼굴로 말했다. 아작과 메타는 가족의 의미를 잃어버린 길동이의 모습이 매우 안타까웠다.

"그래도 가족이 왜 중요한지 그 의미는 알아야지! 너희 집 같은 경우에는 더더욱 중요하단다."

메타의 말에 길동이가 힘없이 웃으며 말했다.

"가족의 의미요? 그냥 하루하루 조용히 지냈으면 좋겠어요."

길동이의 상태는 생각보다 심각했다. 거실에서는 부모님의 말다툼 소리가 여전히 생생하게 들렸다. 메타가 길동이를 보며 말했다.

"네가 생각하는 것처럼 가족이 나쁜 것만은 아니야. 너와 부모님이 이번 기회에 가족에 대한 개념을 제대로 알고 서로의 입장을 이해할 수 있다면 모든 게 달라질 거야!"

"서로의 입장이요? 우리 엄마, 아빠는 서로의 입장 같은 건 생각하지도 않아요. 물론 저에게 관심도 없으시고요."

길동이의 말에 메타가 싱긋 웃으며 말했다.

"그건 걱정하지 마. 원하지 않아도 서로 상대가 되어 볼 수 있는 방법이 있거든!"

아작이 불안해하며 메타에게 물었다.

"어쩌려고? 혹시 상대방의 입장이 되어 본다는 말은……?"

메타가 고개를 끄덕이며 항상 메고 다니던 배낭을 내려놓았다.

"이걸 써야지. 어차피 개념 큐브의 행방도 찾아야 하니까!"

"정말?"

아작은 눈을 동그랗게 뜬 채 아무 말도 하지 못했다.

개념 정리

[성(性)]

남성과 여성을 구별해서 이르는 말

[성 역할]

국가나 사회가 남자와 여자에게 기대하는 행동, 태도, 가치, 역할 등을 뜻한다. 성 역할에 대한 고정 관념은 어느 사회에나 있다. 하지만 현대 사회에 들어서면서 그 경계가 많이 허물어졌다.

전통 사회에서의 성 역할

남자 : 사회생활 중심의 활동 (주로 직업을 가지고 돈을 버는 일을 한다.)
여자 : 가정생활 중심의 활동 (집안일과 아이를 키우는 일을 맡아 한다.)

현대 사회에서의 성 역할

남자와 여자의 역할을 엄격하게 구분하기보다는 개인의 능력과 적성에 따라 역할을 수행한다.

[성차별]

남성 또는 여성이라는 이유만으로 불공평하게 대우받는 것을 뜻한다. 대부분의 사회에서 여성보다 남성을 더 선호하고, 보다 더 나은 위치에서 대우한다.

[양성평등]

성별에 따라 차별하지 않는 것을 뜻한다. 개인의 능력에 따라 동등한 기회와 권리를 누리는 것을 말한다.

[성 역할에 영향을 주는 주요 요인]

1. 부모님의 양육 태도
2. 형제 및 자매의 수
3. 출생 순위
4. 신문, 방송 등 대중 매체

2장

남녀의 성 역할이 정해졌다고 누가 그래?

수련 대회에 참가한 우주 악당

◎◎◎ "여기가 어디야?"

그 시각 원팍은 우주선을 숲 속에 잘 숨긴 뒤 동생 투팍을 따라 온 참이었다. 원팍은 연신 주위를 두리번거렸다. 그곳은 숲 속에 마련된 커다란 캠핑장이었다. 캠핑장 입구에는 '다양♥다문화 가족 행복 수련 대회'라는 기다란 현수막이 걸려 있었다.

"가족 행복 수련 대회라고? 여기는 뭐하러 왔어?"

원팍이 내키지 않는다는 듯 물었다. 투팍은 다 생각이 있다는 듯 괴상하게 웃으며 대답했다.

"아흐흐홍홍, 여기 행복한 가족이 다 모여 있다고 하잖아?"

"그런데?"

투팍은 작은 상자 안에서 길동이의 큐브를 꺼냈다.

"이번에 찾은 큐브는 「가족과 성 역할」에 대한 개념을 담고 있어."

"그래서?"

원팍은 여전히 어리둥절해하며 물었다.

"아이고, 우리 형님이 감옥에 오래 있어서 감이 떨어졌나 봐요. 이쯤 되면 딱딱 알아들어야지."

투팍은 답답하다는 듯 가슴을 쳤다. 원팍은 기분이 썩 유쾌하지는 않았지만 꾹 참고 다시 물었다.

"싸랑하는 동생아, 띄엄띄엄 말하지 말고 똑바로 설명해 주지 않을래? 도대체 여기는 왜 온 거냐고!"

투팍은 머리를 절레절레 흔들고 큐브를 들어 올리며 또박또박 설명했다.

"어휴, 왜 오기는! 이 큐브로 만든 바이러스를 뿌리려고 왔지! 알고 보니 지구인들이 경제 활동을 하는 가장 기본 단위가 가족이더라고. 그러니까 가족부터 혼란스럽게 만들면 그 뒤는 뭐, 아호호호홍! 흠흠, 이제 알겠지? 지구를 망가뜨리려면 가족들의 관계부터 엉망으로 만들면 돼!"

그제야 투팍의 계획을 알아챈 원팍은 히죽히죽 웃으며 동생의 머리를 쓰다듬었다.

"아이코, 우리 귀염둥이 동생아! 지구에 와서 못된 짓을 많이 하고 있었구나. 역시 내 동생이야!"

간만에 칭찬을 받으니 투팍도 기분이 좋아졌다. 지구에서 혼자 이리 쿵 저리 쿵 좌충우돌도 많았지만 외로워도 슬퍼도 울지 않은 보람이 있었다. 역시 세상에 믿을 것은 가족뿐이었다. 두 악당은 품 안에서 변신 가스를 꺼내 마셨다.

지구인으로 변신한 원팍 형제는 사이좋게 손을 꼭 잡고 캠핑장 입구로 향했다.

"안녕하세요?"

그때 갑자기 뒤에서 들려온 인사 소리에 두 악당은 휙 돌아보았다. '진행 요원'이라고 쓰인 명찰을 단 직원이 활짝 웃으며 말했다.

"두 분도 가족 행복 수련 대회에 참가하러 오신 것 맞지요? 참가 신청은 그쪽이 아니라 이쪽입니다."

"아, 아니, 참가하려는 건 아니고……."

직원은 더듬거리는 원팍의 말을 무시한 채 두 악당을 떠밀듯 안으로 들여보냈다. 얼결에 들어온 원팍이 다시 나가려고 하자 투팍이 허리춤을 꽉 잡았다. 그리고 원팍의 귀에 대고 속삭였다.

"형, 자연스럽게 잘 들어왔는데 왜 나가려고 해? 어차피 우리도 들어와야 하잖아? 이따가 상황 봐서 바이러스를 뿌리자고."

듣고 보니 동생 투팍의 말이 맞는 것 같았다. 원팍은 동생과 함께 행사장 안으로 들어갔다. 직원은 담당 사무실로 안내한 뒤 서류 한 장을 내밀었다. 바로 행사 참가 신청서였다. 원팍이 우물쭈물하는 사이에 투팍이 종이를 받아서 적어 나갔다.

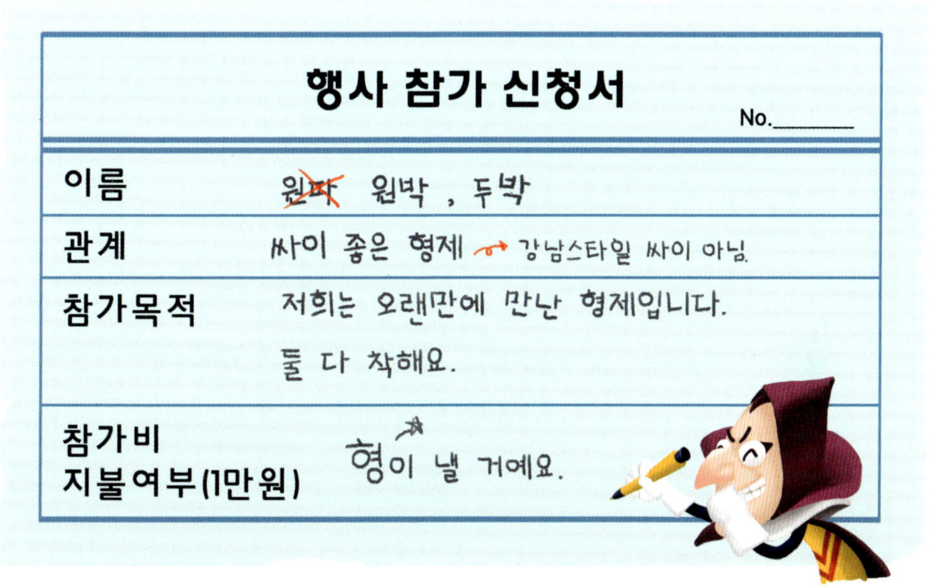
행사 참가 신청서

No.______

이름	~~원팍~~ 원박 , 두박
관계	싸이 좋은 형제 → 강남스타일 싸이 아님
참가목적	저희는 오래만에 만난 형제입니다. 둘 다 착해요.
참가비 지불여부(1만원)	형이 낼 거예요.

잠시 후 직원이 서류를 확인하고 웃으며 물었다.

"형제끼리 참가하신 건가요? 다른 가족은 없으시고요?"

두 악당은 서로 쳐다보고 동시에 고개를 끄덕였다. 거짓말은 아니었다. 둘 다 아주 어렸을 때 우주 악당 기숙학교에 맡겨진 뒤 부모님이나 다른 가족을 한 번도 본 적이 없었다. 부모님은 공부를 부지런히 해 우주에서 아주 유명한 악당이 되라는 말만 남기고 사라졌다.

"수련 대회에 형제가 함께 오시고……. 사이가 아주 좋으신가 봐요."

"네? 네에!"

원팍과 투팍은 손을 잡고 서로를 바라보며 씩 웃었다. 접수를 마치고 나오니 방송국에서 나온 리포터가 수련장을 취재하는 모습이 보였다.

"네. 이곳은 다양한 가족들이 참가한 수련회 행사장입니다. 현대 사회가 복잡하고 다양해지면서 가족의 모습도 바뀌고 있습니다. 전통적인 혈연 중심의 가족부터 입양 가족과 다문화 가족 등 여러 모습의 가족들이 생겨나고 있는데요. 지금 이 자리에 대표 가족 몇 분을 모시고 이야기를 나누어 보도록 하겠습니다."

리포터는 뒤쪽에서 대기하던 한 가족에게 질문하기 시작했다. 엄마는 진한 쌍꺼풀에 약간 검은 피부를 지녔고, 품에는 눈이 커다랗고 웃음이 예쁜 아기를 안고 있었다. 리포터는 아빠에게 마이크를 내밀며 물었다.

"어머님이 외국인이시네요? 어느 나라에서 오셨나요?"

"필리핀에서 왔습니다, 하하하!"

"아, 네. 그러면 두 분은 어떻게 만나신 건가요?"

"제가 사진작가인데 일 때문에 필리핀에 갔다가 만났습니다. 제가 첫눈에 반했지요. 하하하!"

아빠가 활짝 웃으며 대답하자 리포터가 다시 물었다.

"그래도 다른 외모와 문화를 가진 분과 결혼을 결심하기가 쉽지 않았을 텐데요. 남들의 시선도 그렇고요."

"아니요. 전혀 망설이지 않았습니다. 요즘은 저희처럼 다문화 가족이 점점 더 늘어나는 추세잖아요. 이상하게 보는 시선이 잘못된 거죠. 가족을 이루는 가장 기본 요소는 바로 사랑입니다. 그것에 편견을 가지면 안 된다고 생각합니다."

아빠가 리포터를 보며 당당하게 말했다.

"네. 맞습니다. 두 분의 모습이 아주 보기 좋은데요. 앞으로도 행복하시기를 바랍니다. 그럼 다음 가족을 만나 보겠습니다."

그러자 한 부부가 6살가량의 여자아이와 함께 앞으로 나왔다.

"이번 가족 분들은 어떤 사연을 가지고 계신가요?"

리포터의 말에 엄마가 미소를 지으며 말했다.

"우리 아이는 저희가 가슴으로 낳았습니다. 저희 부부는 오랫동안 아이가 생기지 않아 힘들었는데요. 그래서 입양 기관의 심사를 거쳐 몇 년 전 딸아이를 입양했습니다."

옆에서 듣던 아빠가 덧붙여 말했다.

"직접 낳았는지 아닌지는 중요하지 않다고 생각합니다. 저희 딸은 이미 소중한 우리 가족이에요."

엄마, 아빠와 마주 보며 활짝 웃는 아이를 보면서 리포터가 말했다.

"보기만 해도 흐뭇해지는 사랑스러운 가족이죠? 이곳 행사장에는 다문화 가족과 입양 가족뿐만 아니라 한 부모 가족, 북한 이탈 주민 가족, 할아버지, 할머니와 손주로 이루어진 조손 가족 등 여러 가족들이 참가했습니다.

다양♥다문화 가족
진행자
반갑습네다!
북한 이탈 주민 가족
다문화 가족

행복 수련대회
입양 가족
형제
한 부모 가족
조손 가족

우리 사회에는 혈연 중심의 핵가족과 확대 가족뿐만 아니라 훨씬 더 다양한 가족의 모습이 있다는 점을 널리 알리기 위해 이번 행사가 열리게 되었습니다. 시청자 여러분께서도 주변을 둘러보시고 다양해진 가족의 형태에 더 많은 관심을 가져 주시기를 바랍니다."

이 모습을 지켜보던 원팍 형제는 서로 마주 보았다. 지구인들의 가족 개념은 전해 듣던 것과는 무척 달랐다. 혈연으로만 이루어져야 가족이라고 생각했는데 지금 보니 여러 모습의 가족들이 있었던 것이다.

"싸랑하는 동생아, 다들 사이가 좋은 것 같지?"

"그러게. 우리는 아주 어렸을 적에 우주 악당 기숙학교로 보내져서 엄마, 아빠와 함께할 시간이 없었는데……."

투팍은 다른 가족들이 부러운 듯 아무 말 없이 조용히 바라보았다.

"우리도 앞으로 계속 사이좋게 살면 되잖아? 그럼 우리의 소원인 우주 정복도 더 쉬워질 거야!"

원팍이 동생을 위로하며 말했다. 두 악당은 행복해 보이는 여러 가족을 지켜보느라 이곳에 온 목적인 바이러스를 뿌리는 일도 잠시 잊고 있었다.

같은 시각 길동이의 집에서는 메타가 배낭을 뒤적이고 있었다. 곧 메타는 상자 하나를 꺼내 뚜껑을 열었다. 그 안에는 파랗게 빛나는 울퉁불퉁한 돌덩어리가 들어 있었다.

"그게 뭐예요?"

길동이가 묻자 메타가 신 나하며 말했다.

“P-420 행성에서 채취한 희귀 운석이지. 이 운석에는 아주 특별한 힘이 있단다. 그 힘이 지금 너에게 필요할 거야!”

“정말요? 어떻게요?”

길동이가 고개를 갸우뚱거리며 물었다.

“무척 간단해! 그냥 각자 입장을 바꿔서 경험해 보는 거야!”

“입장을 바꾼다고요?”

길동이는 도무지 이해할 수 없는 말이었다.

“음, 그건 말이지…….”

그때 열린 문틈으로 강아지가 뛰어 들어와 메타의 얼굴을 정신없이 핥기

시작했다. 강아지의 갑작스런 행동에 메타는 중심을 잃고 뒤로 벌러덩 넘어져 버렸다.

"아앗!"

그 탓에 메타는 들고 있던 상자를 놓치고 말았다. 그러자 안에 있던 운석이 방바닥에 툭 하고 떨어졌다. 충격을 받은 운석은 순간 번쩍하더니 주변의 빛을 스펀지처럼 빨아들이기 시작했다.

"이런! 작동되어 버렸군!"

아작이 고개를 저으며 중얼거렸다. 빛은 마치 블랙홀에 빨려 들어가듯 운석 안으로 쑥쑥 들어갔다. 잠시 후, 길동이의 방은 완전히 깜깜해지고 말았다.

"아, 아저씨! 이게 무슨 일이에요? 갑자기 정전이라도 된 거예요?"

어둠 속에서 길동이가 겁에 질린 목소리로 말했다.

"흠, 잠시만 기다려 봐라!"

메타는 길동이를 안심시키려 애썼다. 하지만 사실 길동이의 방만 어두워진 게 아니었다. 지구에 내리쬐던 햇빛을 운석이 모두 빨아들이는 바람에 지구 전체가 갑자기 어둠에 휩싸였던 것이다. 대낮인데도 집집마다 손전등과 촛불을 켰고 운전자들은 자동차의 전조등을 켜느라 바빴다.

몇 초가 지났을까? 갑자기 운석에서 밝은 빛이 쏟아져 나오더니 사방으로 퍼지기 시작했다. 순간적으로 어두워졌던 지구는 다시 예전처럼 밝아졌다. 길동이는 어리둥절해하며 어찌된 일인지 물어보았다.

"이게 어떻게 된 일이에요?"

그런데 두 요원은 황당한 얼굴로 길동이를 '높은 곳에서 내려다보고' 있었다.

'어라? 아저씨들의 키가 더 커졌나?'

길동이는 고개를 갸웃거렸다. 하지만 무슨 일인지 알아차리는 데는 그리 오래 걸리지 않았다. 두 요원들 앞에 바로 또 다른 길동이가 서 있었던 것이다. 그 길동이는 침을 줄줄 흘리고 있었다.

"헉!"

길동이는 순간 고개를 돌려 자기의 몸을 보았다. 하얀 털이 보였다. 자그마한 손과 발도 털로 뒤덮여 있었다. 엄밀히 이야기하자면 손이 아니라 발만 4개였다. 길동이와 강아지의 몸이 서로 바뀐 것이다. 확인이라도 해 주듯 요원 앞에 서 있는 또 다른 길동이가 멍멍 하고 짖었다. 진짜 길동이는 황당해 하며 네 발로 서서 투덜거리기 시작했다.

"아니, 이게 어떻게 된 거예요? 내가 강아지로 변한 거예요?"

아작이 황당한 얼굴로 대답했다.

"아이고, 이럴 줄 알았어! 또 부작용이구먼? 길동이네 부모님만 바꿨어야지 길동이하고 강아지까지 바꾸면 어떡해!"

"후유, 그게 내 맘대로 되냐?"

메타는 길게 한숨을 쉬며 빙빙 도는 강아지를 아니, 길동이를 안고 거실로 나갔다. 길동이의 엄마와 아빠는 당황한 표정으로 서로 마주 보고 있었다.

"아니, 내가 어떻게 나를 보고 있지?"

아빠 목소리의 엄마가 맞은편에 서 있는 자기를 보면서 말했다.

"나도 마찬가지야! 내가 어떻게 나를 보고 있지, 꺄악!"

엄마와 아빠는 당황해하며 어쩔 줄 몰라 했다. 그때 메타의 품속에 있던 강아지가 정확한 발음으로 말했다.

"엄마와 아빠가 몸이 바뀐 거예요!"

"꺄아아악!"

강아지의 입에서 멍멍 소리가 아니라 길동이의 목소리가 나오자 아빠 몸을 한 엄마는 그 자리에서 기절하고 말았다.

"아이고, 아주머니! 정신 차려요!"

아작이 엄마의 몸을 흔들며 말했다. 그러자 엄마 몸을 한 아빠가 불만 섞인 목소리로 말했다.

"어허, 내 몸을 그리 험하게 흔들면 안 되죠!"

"아빠, 지금 그게 문제예요? 엄마가 기절했잖아요!"

강아지의 몸을 한 길동이가 말했다.

"멍멍멍!"

길동이의 목소리를 듣자 길동이로 변한 강아지가 반갑다는 듯 짖었다. 난리가 따로 없었다. 그 소리에 아빠의 몸을 한 엄마가 정신이 들었는지 깨어났다.

"자, 모두 진정하시고요. 우리 정리 좀 해 보자고요."

메타가 한가운데로 끼어들며 길동이네 가족들을 진정시켰다. 길동이네 가족과 두 요원은 심각한 표정으로 식탁 앞에 모였다. 메타는 차분하게 현재 상황을 설명했다. 이게 무슨 꼴이냐며 투덜거리던 길동이의 아빠는 마지막으로 한 가지 질문을 던졌다.

"이대로 영원히 몸이 바뀐 채 살아야 하는 거요?"

아빠의 질문에 메타는 고개를 저었다.

"아니요. 단 하루, 지구 시간으로 24시간입니다. 그 후에는 다시 원래대로 돌아올 거예요!"

"후유……."

메타의 말에 안심했다는 듯 두 사람이 동시에 한숨을 내쉬었다. 하지만 또 다른 걱정거리가 떠올라 엄마의 몸을 한 아빠가 물었다.

"당장 내일 회사는 어떡하지?"

이런 심각한 상황에서도 아빠는 오직 회사 걱정만 하는 듯했다. 엄마는 그게 불만이었는지 퉁명스럽게 대답했다.

"그 까짓 회사 내가 나가면 되지! 당신 몸을 하고 있으니 문제없잖아요?"

그 말에 엄마 몸을 한 아빠가 불만스런 목소리로 말했다.

"회사 일이 얼마나 어려운지 알기나 해? 고객들을 만나러 돌아다니는 게 보통 일인 줄 알아? 이런 집안 살림하고는 비교도 안 된다고!"

"뭐? 이런 집안 살림? 그럼 당신이 한번 해 보시던가."

서로 몸이 바뀌었는데도 대책은커녕 또 부부 싸움이라니……. 메타의 품 속에 있던 강아지, 아니 길동이는 한숨을 내쉬며 메타의 품으로 더 깊숙이 파고들었다. 불안한 마음 때문인지 심장이 불규칙하게 뛰고 있었다. 메타는 그런 길동이를 안쓰러워하며 엄마, 아빠에게 말했다.

"지금부터 딱 하루만 두 분이 서로 역할을 바꿔 보세요. 아빠의 몸을 한 엄마가 직장에 나가고, 엄마의 몸을 한 아빠가 집안 살림을 하는 거예요!"

엄마, 아빠는 연신 투덜거렸지만 별다른 방법이 없었다.

역할을 바꿔 보자고!

◎◎◎ 다음날 아빠의 몸을 한 엄마가 아빠의 회사로 출근을 했다. 길동이네 아빠는 자동차 판매 영업소에서 일을 했다.

"한 과장, 오늘 늦었네? 출근은 뭐하러 하나? 그냥 집에서 쉬지."

엄마는 출근하자마자 지각한 일로 소장에게 꾸지람을 들었다. 소장의 잔소리는 한 시간 내내 이어졌다. 당장이라도 사표를 내고 싶은 마음이 굴뚝같았지만 가족들을 생각하면 참을 수밖에 없었다.

'길동이 아빠도 이런 마음이었을까?'

엄마의 머릿속으로 평소에는 상상도 하지 못했던 생각이 스쳐 지나갔다. 회의는 소장의 계속되는 훈계와 업무 지시가 대부분이었다. 출근한 지 채 몇 시간도 되지 않아 엄마는 벌써 지쳐 버렸다. 하지만 쉬지도 못하고 고객들을 만나러 출발해야 했다.

그 시각, 집에서는 엄마 몸을 한 아빠가 집안일에 여념이 없었다. 빨래를 하고, 청소기를 돌리고, 소파 밑의 오래 묵은 먼지도 정성껏 닦고, 창틀까지 청소하고 있었다.

"일을 해도 해도 끝이 없네. 청소한 티는 왜 이렇게 안 나는 거야……."

아빠는 빨래를 널며 혼자 중얼거렸다. 허리도 몹시 아팠다. 집안일도 결코 만만하게 볼 일은 아니었다. 아빠는 비 오듯 땀을 흘리며 청소와 빨래를 끝내자마자 바로 점심 식사 준비를 해야 했다. 아빠는 냉장고를 뒤져 찾아낸 재료들로 요리를 했다.

"우와, 정말 맛있는데요?"

안드로메다에서 온 요원들이 감탄하며 아주 맛있게 음식을 먹었다.

"어라? 요리가 내 적성에 맞나?"

아빠가 강아지, 아니 길동이를 보며 흐뭇해했다.

“아빠가 해 준 음식은 처음 먹어 보는데 정말 맛있어요!”

길동이가 그렇게 말하자 아빠가 씨익 웃으며 말했다.

“사실은 어렸을 때 아빠의 꿈이 요리사였어. 그런데 아버지가, 그러니까 네 할아버지께서 사내 녀석이 무슨 요리를 하냐며 부엌 출입을 아예 못하게 하셨단다. 지금은 남자 요리사가 꽤 많지만 그때는 그런 일이 별로 없었거든.”

“정말요? 에이, 할아버지가 실수하셨네요!”

“지금 생각해 보면 네 할아버지도 남자와 여자의 역할에 대해 고정 관념

이 있으셨던 것 같아!"

길동이는 아빠의 비밀을 한 가지 알게 된 것 같아서 기분이 좋았다. 평소에는 새벽에 출근하고 밤늦게 들어오는 아빠와 대화를 나누는 일은 물론 얼굴을 보는 것도 쉽지 않았기 때문이다.

잠시 감동에 젖은 길동이와 달리, 또 다른 길동이, 그러니까 길동이네 강아지는 식탁 아래에 있던 자기 밥그릇을 핥느라 정신이 없었다. 그 모습을 보던 진짜 길동이는 꼭 자기가 그러는 것 같아 기분이 나빴다. 그래서 자기도 모르게 그 녀석 엉덩이를 앙 물어 버리고 말았다. 사실은 길동이 자기 몸인데도 말이다.

"이 녀석아, 정신 차려!"

"깨갱! 깨갱!"

길동이 몸을 한 강아지가 엉덩이를 손으로 감싸며 펄쩍펄쩍 뛰었다.

한편, 아빠 몸을 한 엄마는 온종일 고객들을 만나러 다녔다. 바쁘게 움직였던 만큼 보람도 있었다. 차를 두 대나 판 것이다. 엄마의 주특기인 잔소리가 오늘은 고객들을 설득하는 데 큰 역할을 했다. 작은 것까지 자세히 설명해 주고, 고객의 사소한 불만까지도 친절하게 들어주며 걱정하는 엄마의 모습에 고객들이 감동을 받은 것이다.

사실 그동안 엄마가 집안일 이외의 다른 일을 하지 못한 이유가 있었다. 친정어머니, 그러니까 길동이의 외할머니가 여자는 집에서 남편의 뒷바라지나 잘하면 된다고 엄마가 어렸을 때부터 계속 말씀하셨던 것이다. 어른이 될 때까지 그 이야기를 내내 들은 엄마는 자신도 모르게 고정 관념이 머릿속에 자리 잡고 말았다.

"흥, 요즘 세상에 남자 일, 여자 일이 어디 따로 있다고!"

엄마는 차를 계약한 일이 자랑스러우면서도 문득 할머니의 말이 떠올라 투덜거렸다. 하지만 반대로 자기 역시 남편과 길동이에게 잘못된 고정 관념을 강요했던 건 아닌지 반성이 되었다. 자신이 왜 그런 식으로 잔소리를 했는지 후회될 뿐이었다.

"길동이 아빠 혼자서 돈을 버느라 얼마나 힘들었을까! 그동안 나는 왜 길동이 아빠를 격려하고 위로할 생각을 하지 못한 거지?"

퇴근 시간이 되자 엄마가 집으로 돌아왔다. 엄마가 집 안으로 들어오는 그 순간, 빛이 번쩍 스치면서 마법 같던 24시간이 끝났다. 그리고 모든 것이 제자리로 돌아왔다. 다시 원래의 몸으로 돌아온 길동이네 가족은 식탁 앞에 한데 모였다. 거실에서는 강아지가 자기 몸으로 돌아온 게 편했는지 신 나게 짖으며 뛰어다녔다.

"아, 말하는 강아지로 「세상에 저런 일이!」에 한번 나가 보는 건데!"

"뭐라고? 이 녀석이, 하하하!"

길동이가 넉살을 떨자 엄마, 아빠가 큰 소리로 함께 웃었다.

"자, 하루 동안 다른 사람으로 살아 보니 어떠셨어요?"

메타가 묻자 엄마와 아빠는 서로 마주 보고 겸연쩍은 미소를 지었다. 길동이도 그런 부모님을 보며 씩 웃었다. 엄마, 아빠가 저런 표정으로 서로를 바라본 것이 언제였는지 까마득했다.

“두 분은 각자 생활이 너무 바빠서 가족의 개념을 잠시 잊었던 것이 문제였어요. 서로를 깊이 이해하지 못한 채 불만이 늘어나서 가족의 의미가 엉망이 되어 버린 겁니다.”

메타의 말에 길동이 가족은 모두 고개를 끄덕였다.

“앞으로는 저도 잔소리를 줄이고 당신을 격려하는 아내가 되어 볼까 해요. 그동안 당신에게만 몹시 큰 짐을 안긴 것 같아서 마음이 무거웠어요.”

엄마가 아빠를 보며 말했다. 그러자 아빠도 미소를 지으며 말했다.

“나도 더 일찍 퇴근해서 종종 식사 준비도 하고 집안일을 하도록 하겠소. 지금까지 혼자 하느라 많이 힘들었을 텐데 알아주지 못해 미안하오.”

메타가 웃으며 길동이를 보았다.

“자, 그럼 이제 길동이 너는 「가족과 성 역할」 개념을 다시 돌려받으러 가야겠지?”

길동이는 고개를 끄덕였다. 하루 동안 소동을 겪어 보니 가족에 관한 개념은 꼭 필요한 것 같았다. 반드시 다시 찾아서 내 것으로 만들 테다!

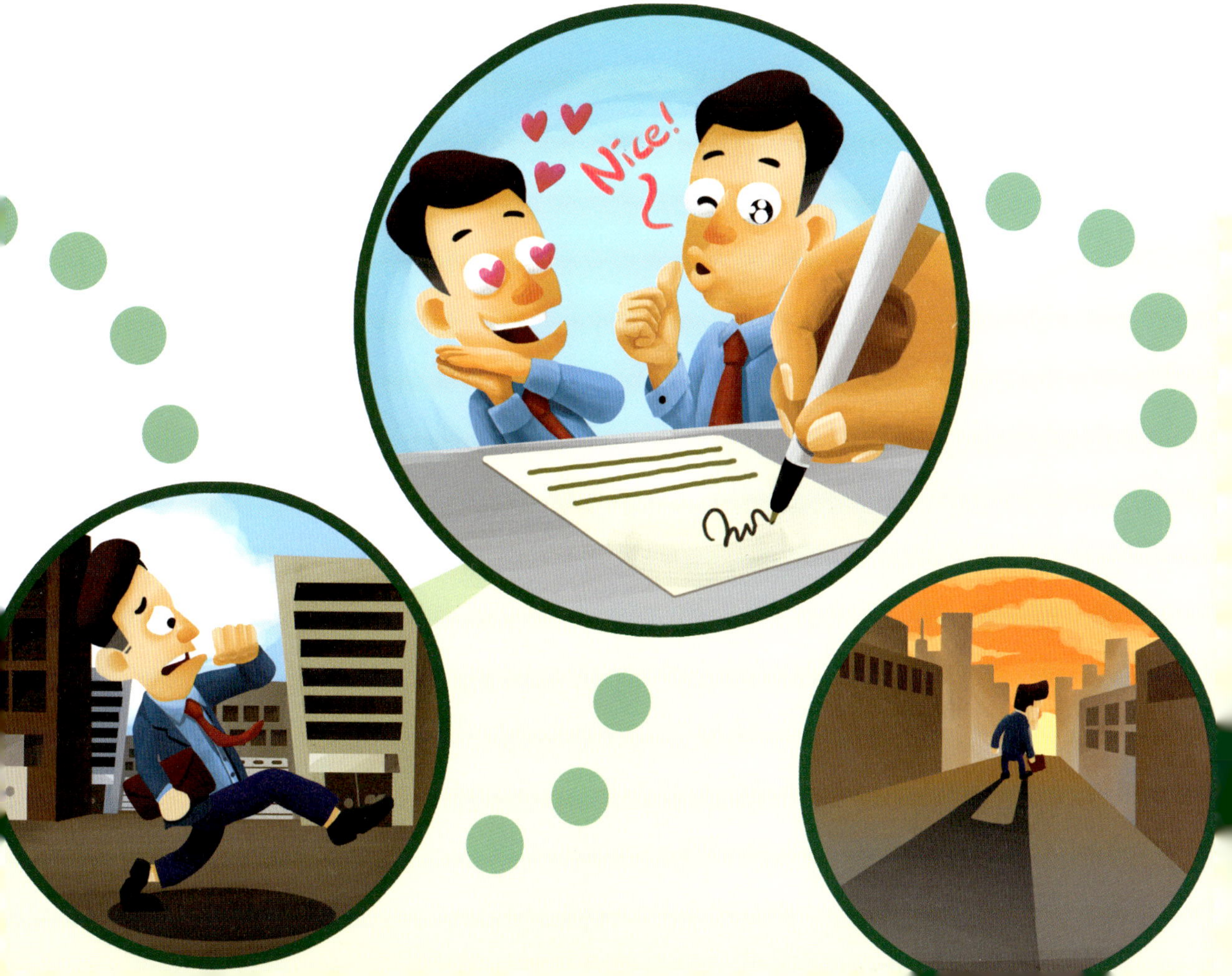

그때 메타가 손목에 찬 큐브 추적기에서 요란한 소리가 울리기 시작했다. 아직 완전하지는 않았지만 「가족과 성 역할」 개념에 대한 필요성을 깨달은 덕에 길동이의 개념 큐브가 반응을 해 온 것이다. 메타는 큐브 추적기를 보며 외쳤다.

"투팍이 있는 곳을 알아냈어! 빨리 우주선으로 돌아가자."

메타가 길동이의 손을 잡고 가려 하자 길동이의 엄마가 앞을 가로막으며 말했다.

"우리 아이를 위험한 곳으로 데려가려는 건가요?"

"저희가 보호해 줄 겁니다!"

아작이 걱정하지 말라고 했지만 아빠도 끼어들며 물었다.

"우리 길동이가 꼭 가야 하는 건가요?"

"길동이의 개념 큐브라서 길동이가 꼭 가야만 합니다."

길동이는 그런 모습이 낯설었다. 평소에 자기를 전혀 걱정하지 않는 것 같았던 부모님의 모습과는 무척 달랐다. 하지만 한편으로는 이렇게 서로 아껴 주는 게 바로 가족이구나 하는 생각이 들어서 마음이 든든했다. 길동이가 꼭 가야만 한다는 요원들의 말에 엄마는 급기야 눈물을 보였다.

"흑흑, 길동아. 몸조심하고 무사히 잘 다녀와야 한다. 흑흑흑!"

두 요원은 어제와 다른 길동이네 가족의 모습을 보고 왠지 모를 뿌듯함을 느끼며 서로를 바라보았다.

개념 정리

[가족의 정의]

가족은 원래 남편과 아내, 부모와 자식, 형제자매처럼 결혼이나 핏줄 등으로 맺어진 관계를 말한다. 하지만 최근 가족의 형태가 다양해지면서 그 의미가 더 넓어졌다. 요즘에는 핏줄뿐만 아니라 입양, 재혼 등으로 새롭게 엮인 가족들의 모습도 많이 볼 수 있다. 가족은 사회를 구성하는 가장 기본적인 단위로, 사람들은 가족의 테두리 안에서 사회인으로 길러진다.

[전통적인 가족의 기능]

가족은 여러 가지 기능을 한다. 전통적으로 가장 중요한 기능은 아이를 낳는 일(출산의 기능)이었다. 뿐만 아니라 아이를 기르고 교육하는 기능, 가족들이 함께 놀이를 즐기고 휴식을 취하는 오락과 휴식 기능, 제사를 지내며 전통을 잇는 기능까지 모두 맡아 했다. 또한 가정 내에서 필요한 물건을 직접 만들거나 다른 곳에서 사기도 하는 경제적 기능까지 가지고 있다.

[현대사회 가족의 기능]

사회가 변화하면서 가족의 기능 또한 변하고 있다. 먼저 아이를 낳지 않거나 입양하는 부부들이 늘어나면서 전통적인 출산의 기능이 약해졌다. 더불어 아이들을 기르거나 교육하는 일 역시 유치원이나 학교, 학원 등의 전문 교육 기관에 맡기면서 교육의 기능도 줄어들었다. 또한 제사를 아예 지내지 않거나, 형식을 최소화해 간단하게 지내는 등 전통적인 모습이 많이 사라지고 있다.

3장

가족의 기능

WANTED
BREAKING NEWS
30% SALE
ONE PAC & TWO PAC
DEAD or ALIVE
UD. 999,999,999
A.S.S (ANDROMEDA SECRET SERVICE)

우주 악당 본색을 드러내다

◎◎◎ 산 뒤로 저녁 해가 뉘엿뉘엿 지고 있었다. 이틀째 가족 행복 수련 대회에 참가한 원팍 형제는 악당으로서 할 일도 잊고 행사에만 열중하고 있었다. 여러 가지 프로그램에 참가해 보니 생각보다 재미있었다. 두 형제가 오랜만에 만나 함께하니 더욱 특별한 자리였다.

원팍 형제는 일과를 마친 뒤, 강당에 모여 가족끼리 하루 동안 겪었던 일을 이야기하는 시간에 참가했다. 다른 가족들은 이미 시작하고 있었다. 우크라이나 국적을 가진 한 엄마가 더듬더듬 한국말로 말했다.

"우리 가, 가족은…… 음, 가족 사이에 문제가 생긴다면 많은 말, 말을…… 나눕니다. 사랑과 과, 관심을 가지고요. 그럼 음…… 해결 못할 일은 없어요."

"그리고 각자 자기 역할만 잘하면 된다고 착각하는 분들이 많은데 그게 다는 아닙니다. 서로 이해하고 배려하는 마음이 있어야 행복한 가정이 될 수 있습니다."

교통사고로 하늘나라에 가 버린 아들 대신 손주를 키우는 할아버지가 덧붙여 말했다.

“맞습니다. 서로를 배려하고 존중하는 마음이 있다면 가족 사이에 생기는 갈등을 막을 수 있습니다. 가족 구성원이 서로를 소중히 여기지 않고 함부로 말하는 일은 반드시 피해야 합니다.”

진행자가 고개를 끄덕이며 말했다. 원팍 형제도 덩달아 고개를 흔들며 많은 생각을 했다.

‘우리 부모님은 우주 악당 역할을 제대로 배우라고 우리를 어릴 적부터 악당 기숙학교로 보냈는데…….’

지금 생각해 보니 형제가 가족 사이의 사랑을 채 느끼기도 전에 기숙학교에 가게 된 일은 그렇게 바람직한 일이 아니었다. 그때 진행자가 갑자기 원팍 형제를 보며 말을 건넸다.

“자, 다음은 형제끼리 참석한 가족 이야기를 들어 보겠습니다. 어렸을 때부터 부모님과 떨어져 둘이 서로 의지하며 크셨다고요? 오늘 두 분이 함께 하신 일은 무엇인지요? 먼저 형님께서 말씀해 주시죠.”

사람들의 시선이 일제히 원팍을 향했다.

“에……. 저, 저는…….”

원팍은 사람들이 한꺼번에 자기를 쳐다보자 당황해하며 제대로 말을 하지 못했다. 얼굴이 빨개지면서 땀까지 뻘뻘 흘렸다. 더 큰 문제는 아까부터 더부룩하던 배가 점점 부풀어 오르기 시작했다는 것이다. 결국, 뿌우웅! 원팍의 엉덩이에서 힘찬 방귀 소리가 울려 퍼졌다. 그러

자 변신 가스까지 빠져나와 원팍은 본래의 모습으로 되돌아오고 말았다. 갑자기 원팍이 복면을 쓴 험상궂은 사람으로 변하자 강당 안의 사람들은 모두 깜짝 놀라고 말았다.

"쩝, 조심 좀 하지!"

옆에 앉아 있던 투팍이 투덜거리며 자기도 뿌웅 하고 방귀를 뀌었다. 악당 형제가 복면에 망토, 심술궂어 보이는 표정까지 원래 모습으로 돌아오자, 몇몇 사람들은 겁에 질렸고 웅성거리는 소리는 점점 커졌다. 깜짝 놀란 진행자가 벌떡 일어나 손가락으로 형제를 가리키며 소리쳤다.

"아니, 당신들은 누구요?"

"푸하하하하! 우리는 우주 악당 형제다!"

투팍이 허리춤에 손을 올리고 자신만만하게 외쳤다. 그러고는 품에서 큐브를 담은 상자를 꺼내어 바이러스를 뿌릴 준비를 하였다. 하지만 곧바로 개념 큐브의 한쪽 면에 빛이 들어와 있는 것을 알아챘다. 길동이가 개념을 찾기 시작한 것이다.

"이런, 방심했군! 서둘러야겠어!"

투팍은 블랙 큐브로 바이러스를 퍼트리기 시작했다. 바이러스가 꾸물꾸물 캠핑장을 덮어 갔다. 원팍은 안개처럼 퍼지는 바이러스를 보고 감탄하며 말했다.

"우와, 멋진데! 이게 얼마 만에 보는 바이러스야."

강당에 모인 가족들은 정체 모를 안개가 점점 다가오자 겁을 먹고 우왕좌왕했다. 투팍은 하루 동안 함께 지낸 다른 가족들에게 조금 미안한 생각이 들었다. 하지만 그 생각은 잠시뿐이었다.

"쳇, 따뜻한 가족이 무슨 소용이 있어!"

투팍은 입술을 삐죽 내밀고 중얼거렸다.

"동생아, 이제 어떻게 되는 거야?"

원팍이 다가와 물었다.

"가족 개념 바이러스로 지구의 가족들을 망가뜨리면 사람들은 점점 결혼할 생각조차 하지 못할 거야. 그럼 아이들도 태어나지 못하고 결국 가족이란 게 모두 사라질 거야. 아호호호홍, 그렇게 되면 지구는 저절로 엉망이 되는 거지!"

"오호, 시간은 걸리겠지만 아주 확실한 방법인걸!"

두 악당이 대화를 나누는 사이, 바이러스에 닿은 가족들은 투팍 말대로 변하기 시작했다. 조금 전까지만 해도 화기애애하게 지내던 사람들이 갑자기 욕설과 함께 서로를 미워하게 된 것이다.

"난 당신이 너무 싫어!"

필리핀 부인이 남편에게 소리를 질렀다.

"나도 사실 네가 미웠어!"

뿐만 아니라 서로에게 주먹다짐을 하는 일까지 벌어졌다. 바이러스가 가족에 대한 사랑과 배려의 마음들을 조금씩 빼앗아 가고 있었다. 개념이 없어질수록 서로에 대한 미움은 깊어졌다.

"언니가 가진 예쁜 모자, 내가 가져야겠어!"

어떤 자매는 서로 가진 것을 빼앗으려고 머리채를 붙잡고 싸우고 있었다. 가족들의 머리 위쪽으로 아지랑이처럼 흘러나오는 개념을 보고 원팍 형제는 흐뭇한 웃음을 지었다. 개념은 공처럼 동글동글 모이고 있었다.

"에구구, 저걸 담아야 하는데 빈 큐브를 안 가지고 왔네! 어쩌지?"

투팍이 쩔쩔매자 원팍이 품에서 뭔가를 꺼내며 말했다.

"더 좋은 것이 있지! 흐흐흐."

원팍이 꺼낸 것을 슬쩍 보고 투팍은 깜짝 놀랐다. 훨씬 세련되어 보이는 새로운 블랙 큐브였다.

"아니, 그건 뭐야?"

"화성의 비밀 기지에서 만난 다맹글어 박사가 만든 최신형 블랙 큐브야."

"최신형 블랙 큐브?"

"그래, 너도 다맹글어 박사 알지? 우주에서 제일가는 악당 과학자잖아! 이 신형 블랙 큐브에는 놀라운 기능들이 숨어 있어. 공중으로 던지면 마치 꿀벌처럼 여러 조각으로 흩어져서 개념 원구를 모은 뒤 다시 하나로 합해지지. 따로따로 저장할 필요가 없어. 조각 하나에 개념 하나씩! 한 큐브 안에 개념을 엄청 많이 넣을 수 있다는 말씀!"

원팍은 자랑스럽게 설명했다.

"사실 ASS 요원들의 추적을 따돌려야 하기도 했지만 화성 비밀 기지에 들러 이걸 받아 오느라고 늦은 거야."

투팍이 엄지손가락을 척 들어 올리며 말했다.

"원팍 혀엉! 역시 제 형님이십니다!"

원팍은 씩 웃으며 신형 블랙 큐브를 공중으로 던졌다. 그러자 잠시 공중에 떠 있던 큐브는 순식간에 여러 조각으로 갈라진 뒤 빠른 속도로 흩어졌다. 큐브 조각들은 사람들에게서 빠져나온 개념을 찾으려고 사람들의 머리 위를 꿀벌처럼 빙빙 날아다녔다. 원팍은 큐브 조각들을 보면서 별일 아니라는 듯 투팍에게 말했다.

"기회가 되면 다맹글어 박사도 지구로 직접 온다고 하더라고."

"오호, 그럼 큰 도움이 되겠는데?"

투팍은 큐브 조각들이 공처럼 뭉쳐진 개념을 야금야금 담는 것을 보며 대꾸했다.

그 시각, 요원들이 탄 우주선은 캠핑장 쪽으로 향하고 있었다. 길동이는 삐걱거리는 우주선이 불안한 듯 연신 낡은 우주선 안을 두리번거렸다.

"정말 추락할 걱정은 안 해도 되나요?"

"걱정 마! 아직 문제없어!"

조종석에서 아작이 어깨를 으쓱하며 말했다. 메타 역시 길동이를 보며 말했다.

"엄마, 아빠에 대한 걱정이 사라지니 우주선 걱정도 할 줄 아는구나? 그래도 너희 집은 핵가족이라서 갈등이 비교적 쉽게 해결된 거야! 만약 확대 가족이었다면 그렇게 쉽지는 않았을걸?"

"네? 핵가족은 뭐고, 확대 가족은 뭐예요?"

길동이가 처음 듣는 말이라는 듯 물었다.

"아차, 네가 가족에 관한 개념을 날려 버린 걸 잊었다."

메타가 머리를 긁적이며 설명하기 시작했다.

"간단해. 핵가족은 너희 집처럼 엄마, 아빠, 아이들로만 이루어진 작은 가족을 말한단다. 확대 가족은 결혼한 부부가 부모님을 모시고 사는 가족이지. 핵가족에 할아버지와 할머니가 함께 사는 경우겠지?"

"그럼 내일이라도 할아버지나 할머니가 저희 집에 오셔서 같이 살면 핵가족에서 확대 가족으로 바뀌는 거겠네요?"

"오, 이해가 빠른데?"

메타가 만족스럽게 웃었다.

"역시 가족 관계에서는 혈연관계가 중요한 거군요!"

길동이의 말에 메타가 순식간에 정색하며 말했다.

"꼭 그렇지는 않아! 가족의 모습이 점점 다양해지고 있거든. 예를 들어 입양으로도 한 가족이 될 수 있어!"

"에이, 그래도 같은 피가 섞여야 가족이지 않아요?"

"너, 정말 그렇게 생각하니?"

메타가 어처구니없다는 듯 되물었다.

"글, 글쎄요……. 하지만 제 주변에는 그런 가족이 없는걸요?"

"후유, 얼른 개념을 찾아야겠다."

메타는 더는 설명하기 어렵다는 듯 입을 닫았다.

잠시 우주선 안에는 침묵이 흘렀다. 그때 어디선가 요란하게 삐걱거리는 소리가 들렸다.

"그런데 정말 추락할 걱정은 안 해도 돼요?"

길동이가 불안한 목소리로 다시 물었다.

"안 해! 안 한다고! 안 한다니까!"

아작이 버럭 소리를 질렀다. 아무리 낡았다고 해도 머나먼 우주를 가로질러 지구까지 무사히 온 소중한 우주선이었다. 자기랑 함께한 세월이 얼마인데……. 아작은 그런 우주선을 지구 아이들마다 무시하는 게 너무 속상했다. 하지만 그런 아작도 조금씩 걱정이 되는 건 사실이었다.

'오늘따라 유난히 좀 삐걱거리네? 이상하긴 하다.'

사실 출발할 때부터 정원 초과 경고등이 켜져 있기는 했다. 짐이라도 잔뜩 실은 것처럼 둔하게 움직이는 우주선을 보니 문제가 있기는 한 것 같았다. 아작은 이번 배달만 해결하면 당장 손봐야겠다고 생각했다. 그때 큐브 추척기가 환하게 반짝거렸다. 바로 아래쪽에 개념 큐브가 있다는 신호였다. 우주선은 빠른 속도로 힘차게 내려갔다.

신형 블랙 큐브의 등장

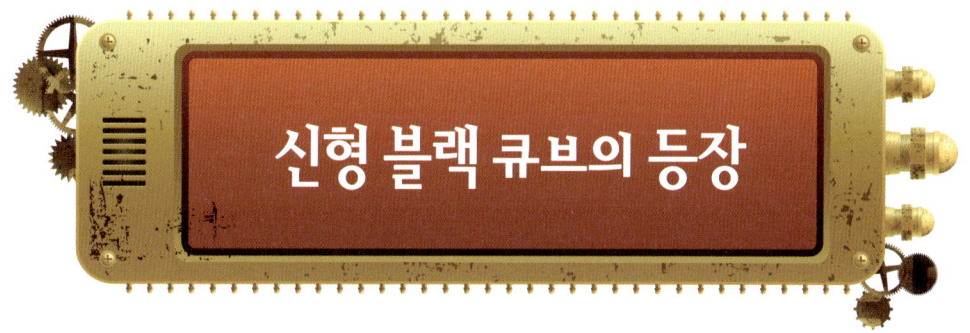

◎◎◎ 요원들은 우주선을 숲 속에 숨겨 두고 캠핑장 안으로 살금살금 들어갔다. 제일 먼저 눈에 띈 것은 '다양♥다문화 가족 행복 수련 대회'라고 쓰인 현수막이었다.

"투팍, 이 녀석! 가족 관계를 엉망으로 만들려고 여기로 온 거구나!"

메타는 투팍의 의도를 알겠다는 듯 중얼거렸다. 하지만 강당으로 들어선 일행은 입이 쩍 벌어질 만큼 놀라고 말았다. '가족 행복 수련 대회'라는 따뜻한 말에 어울리지 않게 사람들이 서로 싸우고 있었기 때문이다. 한쪽에서는 고성이 들리고, 또 다른 곳에서는 서로 주먹다짐을 하는 모습까지 보였다.

"투팍, 이 녀석! 벌써 바이러스를 뿌렸나 보군!"

메타가 다급한 목소리로 길동이에게 말했다.

"네가 빨리 개념을 찾아야만 이 소란을 멈출 수 있을 거야!"

길동이 역시 다른 가족들을 한시라도 빨리 도와주고 싶었지만 어떻게 해야 할지 몰랐다. 그때 아작의 눈에 공중을 날아다니는 무언가가 보였다.

"어, 메타! 혹시 날아다니는 큐브를 본 적 있어?"

"뭐? 이런, 악당 녀석들이 이제는 별 희한한 물건까지 가져왔네!"

아작은 허리춤의 밧줄을 빼서 빙빙 돌리며 소리쳤다.

"안 되겠다. 우선 저것들부터 처리하자고!"

아작은 가장 가까이에 있는 큐브 조각을 향해 밧줄을 던졌다. 올가미 밧줄은 큐브 몸통을 감싼 뒤 그 크기에 맞게 꽉 줄어들기 시작했다. 큐브 조각은 위아래로 격렬하게 움직였지만 단단하게 죄어드는 올가미를 빠져나올 수는 없었다. 아작은 밧줄을 휙 잡아당겨 큐브를 손으로 잡으려고 했다. 그때 한 손이 아작의 손목을 꽉 움켜잡으며 소리쳤다.

"그건 안 돼!"

아작을 막아선 것은 놀랍게도 투팍이었다.

"요 녀석! 지금 나한테 덤비는 거냐?"

항상 줄행랑치던 투팍이 갑자기 적극적으로 덤비자 아작은 당황스러웠다. 하지만 투팍한테는 믿음직한 버팀목이 있었다. 바로 자랑스러운 형, 원팍이었다! 형은 우주 악당 기숙학교에서도 잘 싸우기로 유명했다. 특히 결투 과목에서는 선생님들의 끊임없는 칭찬을 받았다. 형과 자신이 힘을 합한다면 안드로메다 요원들쯤은 아무것도 아니라고 여겼다. 투팍은 아작의 손목을 놓고 펄쩍 물러서며 싸울 태세를 취했다. 그러고는 큰 소리로 외쳤다.

"원팍 혀엉! 얼른 나와! 바로 이 녀석들이 지구 정복의 방해꾼들이야!"

"……."

하지만 어디서도 원팍의 모습은 보이지 않았다.

"원팍 혀엉?"

투팍은 고개를 돌려 형이 있던 자리를 보았다. 그곳에는 아무도 없었다. 형을 대신해 아작이 손가락으로 어딘가를 가리키며 말했다.

"저기 꽁무니에 불나도록 도망가는 게 네 형 맞냐?"

투팍의 가슴이 쿵 하고 내려앉았다. 설마? 하지만 짧은 다리로 뒤뚱거리며 도망치는 건 틀림없이 원팍이었다. 강당 문 앞에 이른 원팍은 탈출 직전 큰 소리로 말했다.

"싸랑하는 동생아, 화장실 좀 다녀올게!"

투팍은 순간 주변이 빙빙 도는 것처럼 느껴졌다. 따뜻한 형제애는 그저 신기루였던 것일까? 투팍의 마음을 읽기라도 하듯 원팍이 한마디를 던졌다.

"절대 도망가는 거 아니야! 며칠 만에 신호가 와서……. 금방 다녀올게!"

원팍이 설명했지만 어설픈 변명이었다. 원팍은 오늘만 해도 화장실을 다섯 번이나 들락날락했기 때문이다.

"후유……."

한숨을 쉬던 투팍은 올가미를 휙휙 휘두르며 저벅저벅 다가오는 아작을 바라보았다.

'흑, 이렇게 잡혀서 안드로메다로 끌려가는 건가?'

그때 어디선가 비명이 들렸다. 아작과 투팍 모두 소리나는 쪽을 바라봤다. 두 사람의 눈이 동그랗게 커졌다. 강당 안을 씽씽 날아다니던 큐브 조각들이 한곳에 모여 합체하기 시작한 것이다.

"아니, 저건 또 무슨 일이야?"

아작이 놀라며 말하자 메타가 대답했다.

"개념을 먹은 큐브 조각들이 합체하는 건가 봐!"

큐브는 조금씩 더 커지며 사람들의 머리 위를 위협하듯 날아다녔다. 조각들이 아직 다 모이지 않았는데도 윙윙 소리는 더 크게 들렸다. 개념을 먹지 못한 나머지 조각들은 여전히 쏜살같이 날아다녔다.

이대로 두면 강당 안의 사람들이 더 위험해질 것 같았다. 아작과 메타는 큐브를 잡기 위해 맹렬한 기세로 달려들었다. 투팍은 그 틈을 타 한숨을 돌릴 수 있었다.

"후유, 살았다!"

투팍은 두 요원의 눈치를 보며 살금살금 뒷걸음질치기 시작했다. 그때 누군가가 투팍의 망토를 붙잡았다.

"이건 또 뭐야?"

투팍은 지난번 대충이에게 망토를 잡혔던 불쾌한 기억이 떠올랐다. 하지만 고개를 돌려 길동이인 것을 확인한 후 콧방귀를 뀌며 말했다.

"흥, 너도 같이 왔냐?"

길동이는 대답 대신 손가락을 까닥까닥거렸다. 이 녀석도 역시 거만했다. 투팍이 어이없어하며 물었다.

"뭐?"

"내 큐브 내놓으라고요! 이 나쁜 악당 같으니!"

대화는 필요 없었다. 어린아이라고 방심하다가는 지난번처럼 당할 것 같았다. 투팍은 길동이의 말이 끝나자마자 다짜고짜 아이의 팔을 뿌리쳤다. 뒤로 넘어진 길동이는 바닥에 엉덩방아를 찧고 말았다.

"으아앙!"

길동이가 울음을 터뜨리자 투팍이 손을 팍팍 털며 말했다.

"흥, 별거 아니구먼!"

투팍은 다시 요원들을 살폈다. 두 요원은 큐브를 잡느라 여념이 없었다. 투팍은 씩 웃으며 강당을 벗어나려고 했다. 그 순간, 투팍의 앞을 가로막는 사람이 있었다. 그것도 한 명이 아니라 두 명이었다.

"누구냐? 저리 비켜라!"

허약한 지구인은 자기의 상대가 되지 않았다. 투팍은 아무렇지도 않게 두 사람을 스윽 밀고 지나가려 했다. 하지만 투팍은 두 사람의 눈에서 활활 타오르는 분노의 불길을 미처 알아차리지 못했다!

"어? 어, 엄마? 아빠?"

우주선의 정원 초과 경고등! 바로 길동이네 엄마, 아빠가 우주선에 몰래 숨어들었기 때문이었다.

순간 길동이의 아빠가 크게 고함을 지르며 투팍에게 달려들었다.

"길동이 아빠의 육탄 공격을 받아라!"

아빠는 투팍을 세게 껴안은 뒤 그대로 힘껏 조이기 시작했다.

"으으윽!"

투팍의 입에서 비명이 절로 나왔다. 숨이 턱턱 막혀 왔다.

"길동이 엄마의 꼬집힘을 당해 봐라!"

엄마는 열 손가락을 모두 이용해 투팍의 팔과 다리, 몸통 할 것 없이 온몸을 야무지게 꼬집는 신공을 발휘했다. 엄마의 손길이 닿는 자리마다 시퍼렇게 멍이 들었다.

"으어엉! 원팍 혀엉!"

투팍은 너무 아파 엉엉 울음이 나왔다. 새삼스레 혼자 살겠다고 도망간 형이 너무 야속했다. 그때 한쪽에 주저앉아 멍하니 이쪽을 바라보는 길동이가 보였다. 순간 아주 좋은 생각이 떠올랐다. 투팍은 손을 간신히 움직여 품에서 길동이의 개념 큐브를 꺼냈다. 잠시 망설였지만 이 위기에서 벗어나려면 어쩔 수 없었다.

투팍은 큐브를 공중으로 던졌다.
큐브가 날아가는 모습을 보고 길동이 아빠의 손이 약간 느슨해졌다. 엄마의 꼬집기 공격도 잠시 멈췄다. 길동이는 떨어지는 큐브를 잡기 위해 몸을 날렸다.
날아가는 큐브에 모두의 시선이 쏠린 틈을 타서 투팍은 아빠의 품을 빠져나와 엉금엉금 그곳을 벗어났다.

"아휴, 따가워. 무슨 손이 저리 매워?"

투팍은 짧은 시간이었지만 길동이 엄마한테 수십 번 꼬집힌 자국들을 문지르며 강당 밖으로 빠져나갔다.

길동이는 떨어지는 큐브를 무사히 잡아챌 수 있었다. 투팍이 중간에 가로채 간 탓에 길동이도 처음 보는 자신의 개념 큐브였다. 길동이는 엄마, 아빠와 함께 큐브를 이리저리 돌려 가며 보았다.

"어머, 색이 참 예쁘다."

한쪽 면에 빛이 들어온 것을 보고 엄마가 감탄을 했다. 다른 세 면은 아직 어두운 색을 띠고 있었다.

"네가 빨리 「가족과 성 역할」에 관한 개념을 이해해야 해."

어느새 메타가 옆으로 다가와 길동이에게 말했다. 메타는 숨을 헐떡이고 있었다. 강당 저 편에서는 아작이 밧줄과 커다란 손을 이용해 날아다니는 큐브를 정신없이 잡고 있었다. 하지만 수가 워낙 많아서 금방 끝날 것 같지 않았다. 더 큰 문제는 투팍이 뿌린 바이러스 때문에 아직도 사람들이 싸우고 있다는 것이었다. 강당 안은 여전히 혼란 그 자체였다. 메타는 다시 한 번 강조했다.

"네가 얼른 개념을 찾아야 이 모든 소동이 끝날 수 있어!"

"아, 정말! 어떻게 하라고요!"

길동이는 자꾸 개념을 떠올리라고 재촉하는 메타에게 답답하다는듯 소리를 질렀다.

"안드로메다로 보내 버린 개념이 전부 생각난다면 굳이 개념을 돌려주러 올 필요도 없는 거였잖아요!"

"전부 떠올리라는 게 아니야. 그 개념 큐브가 네가 주인인 것을 확인할 수 있는 정도만 떠올리면 돼!"

하지만 이렇게 정신없는 와중에 조금이라도 떠올린다는 것은 쉽지 않았다. 엄마, 아빠가 역할을 서로 바꿔서 지낸 덕분에 길동이한테 약간의 개념이 돌아오기는 했지만, 그것으로는 고작 개념 큐브의 한쪽 면만 밝힐 수 있었을 뿐이었다.

그때 길동이의 눈에 얼굴이 파랗게 질려 어쩔 줄 모르는 여자아이가 보였다. 어제 방송사 인터뷰에서 입양 가족으로 소개된 집의 6살짜리 아이였다.

지금 그 아이의 엄마, 아빠는 아이를 내버려 둔 채 심각하게 말다툼을 하고 있었다. 길동이는 겁에 질린 아이에게 다가가 물었다.

"왜 그러고 있니?"

"흑흑! 엄마, 아빠가 나 때문에 싸워요!"

아이의 부모는 괜히 아이를 입양했다는 둥 우린 가족도 아니라는 둥 험한 소리를 하며 다투고 있었다. 여자아이는 모두 자기 탓이라고 생각했다. 그 위쪽에서는 개념이 나오기만을 노리는 큐브 조각들이 빙빙 돌고 있었다.

"이 지겨운 녀석들 같으니라고!"

메타가 공중으로 뛰어올라 조각 하나를 잡았다. 그리고 바닥으로 내동댕이치려는 순간, 조각은 메타의 손아귀에서 빠져나가 아이의 얼굴에 탁 부딪히고 말았다.

"으아앙! 으아앙!"

아이가 강당이 떠나가라 울기 시작했다. 그 소리에 놀란 아이의 엄마, 아빠가 눈을 끔뻑끔뻑했다. 투팍이 뿌린 바이러스 때문에 가족에 대한 개념이 희미해져가던 두 사람이 아이의 울음소리에 정신이 돌아온 것이다.

"예린아? 왜 울어?"

엄마가 먼저 달려와 아이를 품에 안자, 아빠도 달려와 아이 옆에 있는 메타를 무섭게 노려보았다.

"내 탓이 아니에요. 저것 때문이에요!"

메타는 예린이와 부딪힌 큐브 조각을 가리켰다. 그러자 아이 아빠는 그 조각을 붙잡아 바닥으로 사정없이 내리꽂았다. 퍽 하고 불꽃이 튀며 큐브 조각은 산산조각이 났다.

'그래, 저런 게 가족이지. 무슨 일이 생기면 서로 돌봐 주는 것!'

길동이는 그 모습을 보면서 자기도 모르게 가족의 의미에 대해 생각하게 되었다. 엄마, 아빠도 자기를 보호하기 위해 위험을 무릅쓰고 여기까지 몰래 따라온 것이다. 그 생각을 하자 저절로 코끝이 찡해졌다. 예린이네 엄마, 아빠도 예린이의 울음소리에 마음이 아파 바이러스를 스스로 이겨 냈다. 두 가족 사이의 공통점은 의외로 간단했다. 가족의 소중함을 깨달았다는 것!

아이들은 가족으로부터 사랑과 보호를 받아야 한다. 그건 다른 가족 구성원들도 마찬가지이다. 사회나 학교생활로 지친 몸과 마음을 가정에서 서로 서로 따뜻하게 보듬어 주어야 한다. 서로를 배려하고 사랑하며 도와주는 것이 일상이 된다면 오늘처럼 누군가가 위험에 처했을 때 서로 힘을 모아 어려움을 헤쳐 나갈 수 있는 것이다.

팟! 팟!

길동이가 스스로 가족에 관한 개념을 생각해 내자 개념 큐브의 한쪽 면에 새롭게 밝은 빛이 들어왔다. 그러자 바이러스의 위력은 한층 약해졌고, 정

신을 차리는 가족들도 하나둘씩 늘었다.

"저 괴상한 물체는 뭐야?"

정신을 차린 가족들은 아작과 메타를 도와 자신들의 가족 주변을 맴도는 큐브 조각들을 잡기 시작했다. 물론 지구인들에게는 쉽지 않은 일이었다. 하지만 다문화 가족의 아빠는 멀리 외국에서 온 사랑하는 부인을 위해, 조손 가족의 할아버지는 아끼는 손주를 위해, 한 부모 가족의 엄마는 자신의 전부인 귀염둥이 아이를 위해 가족들을 괴롭히는 큐브 조각을 잡으려 했다. 모두가 힘을 합친 덕분에 아작은 마침내 합체된 블랙 큐브를 밧줄로 잡아 해치울 수 있었다.

빠지직-!

드디어 블랙 큐브가 파란 불꽃을 내며 부서지기 시작했다. 그러자 그 안에서 개념들이 쏟아져 나와 원래 주인에게로 돌아갔다.

잠시 후 움찔거리는 작은 불꽃만이 강당 바닥을 굴러다녔다. 제정신으로 돌아온 가족들은 하나둘씩 아작과 메타 주변으로 모여들었다. 조손 가족의 할아버지가 앞으로 나서며 말했다.

"누구인지 모르지만 저 이상한 물체를 잡아 줘서 고맙소."

아작과 메타는 머리를 긁적였다.

"저희야 뭐 한 것도 없는걸요."

강당 안의 가족들이 겸손하게 말하는 두 요원을 보며 환하게 웃었다. 비록 가족의 형태는 다 달랐지만 그들 모두 행복한 미소를 짓고 있었다.

길동이는 혈연으로만 이뤄진 가족만이 진짜 가족이라고 생각했던 일이

부끄러웠다. 요즘처럼 복잡하고 다양해진 현대 사회에서는 가족의 의미가 점점 넓어지고 있었다.

'이런 게 바로 가족이구나…….'

길동이의 머릿속에 그 생각이 떠오른 순간, 개념 큐브의 마지막 면에 빛이 번쩍 들어왔다. 큐브는 무지갯빛으로 빛나기 시작했다. 강당 안의 사람들이 놀란 눈으로 그 멋진 광경을 바라보았다. 아작과 메타는 서로 마주 보고 고개를 끄덕였다. 드디어 길동이가 가족에 대한 개념을 찾은 것이다.

밝게 빛나던 개념 큐브의 뚜껑이 열리고, 그 안에서 개념으로 똘똘 뭉친 무지갯빛 공이 날아올랐다. 그 공은 곧바로 길동이의 입안을 향해 날아들었다.

개념 정리

[여러 세대가 함께 사는 대가족]

옛날에는 대부분의 사람들이 농사를 지으며 살았다. 농사를 지을 때는 일손이 많이 필요했기 때문에 함께 일할 수 있는 식구가 많으면 많을수록 좋았다. 그래서 자녀들이 결혼을 한 후에도 부모님과 함께 살았다. 이렇게 할아버지, 할머니, 자녀 등 여러 세대가 함께 모여 사는 가족을 대가족이라고 한다.

[부부와 자녀, 두 세대만 함께 사는 핵가족]

산업이 발달하면서 사람들은 새로운 일자리와 교육 시설을 찾아 도시로 이동하였다. 하지만 나이가 든 부모님들은 농촌에 그대로 남아 농사를 짓는 경우가 많았고, 도시로 온 젊은 사람들은 그곳에서 배우자를 만나 아이를 낳고 자신들만의 가족을 꾸렸다. 이렇게 부부와 어린 자녀들로만 이루어진 가족을 핵가족이라고 한다.

[여러 가지 형태의 가족]

조손 가족
할아버지, 할머니와 손자(녀)로 구성된다.

독신 가족
결혼을 하지 않고 혼자서 사는 가족

입양 가족
입양한 자녀와 한 가족을 이룬다.

다문화 가족
다른 인종의 부부와 그 사이에서 태어난 자녀로 구성된다.

한 부모 가족
부모 한쪽이 혼자서 자녀를 키운다.

재혼 가족
이혼 후 다른 상대와 결합하여 새로운 가족을 만든다.

4장

문화가 정말 달라

2013년 6월 23일

제 목 :

오늘도 엄마랑 싸웠다. 엄마는 여전히 나를 이해하지 못하겠다고 한다.

한국으로 돌아온 뒤 아빠는 나를 데리고 매일 친척들을 만나러 다닌다. 심지어 만날 때마다 큰절을 하라고 한다. 허리가 아프다.

친척들은 또 어찌나 많은지 누가 누군지 다 못 외울 정도이다. 이제 친척들을 만나는 자리에는 가지 않겠다고 선언하자 프랑스 사람인 엄마는 연신 울랄라를 외친다. 아빠는 어른말은 무조건 따라야 한다고 한다. 한국으로 돌아오니 아빠도 권위주의적으로 변한 것 같다.

프랑스에 있을 때보다 나이도 한국식으로 한 살 더 먹어서 억울한데 이리저리 끌려다니기만 하니 기분이 좋지 않다. 주말에도 아빠는 나를 데리고 결혼식이며, 어른들 생신이며 데리고 다니기 바쁘다. 놀지도 못하고 너무 화가 난다.

엄마는 아빠가 종갓집 종손이고 나도 그 뒤를 이어야 하니 무조건 이해하라고만 말한다. 하지만 그런 한국의 전통 문화가 나는 도저히 이해가 안 된다. 전통적인 방식으로 치르는 돌잔치도 이해할 수 없다. 한 살 먹는 게 뭐가 그리 대단하다고! 프랑스에서는 상상도 하지 못할 일이다. 한국의 전통은 너무 번거로운 것투성이다.

한밤중에 창문을 열었다. 별똥별이 길게 꼬리를 남기고 지나갔다. 친구들 사이에서 유행하는 말이 떠올랐다. 별똥별이 지나갈 때 없애고 싶은 개념을 빌면……. 나는 얼른 큰 소리로 소원을 말했다.

"한국의 문화나 전통 의례는 안드로메다로 가 버려!"

유후! 머리가 좀 상쾌해진 것 같다!

앙리 킴 대 김영남

◎◎◎ "싸랑하는 동생아, 그 녀석들 이번에는 어디로 가고 있어?"

"……."

"혹시 아직도 삐친 거냐?"

원팍은 우주선을 조종하며 투팍의 눈치를 살살 살폈다. 투팍은 여전히 말이 없었다. 자기만 놔두고 도망간 형을 쉽게 용서할 수 없었다. 길동이 엄마한테 꼬집힌 곳이 아직도 욱신거렸다.

"싸랑하는 동생아, 형아가 정말 화장실 다녀오려고 했다니까! 볼일만 보고 너에게 가려고 했어!"

원팍은 계속 변명을 했다. 형은 항상 그랬다. 우주 악당 기숙학교에 다닐 때도 군것질한 뒤 돈을 낼 때면 귀신같이 사라지던 형이었다. 시간이 많이 흘렀어도 성격은 바뀌지 않았다. 투팍이 단단히 화가 난 것을 눈치챘는지 원팍은 한숨을 크게 내쉬며 동생의 손을 잡았다. 그리고 안쓰러운 표정으로 투팍의 손을 살살 쓰다듬으며 위로했다.

"아이구, 그동안 나쁜 짓 하느라 우리 투팍이 손이 많이 거칠어졌구나!"

"몇 달 동안 안 씻어서 그래!"

"헉!"

투팍의 말에 원팍은 잡았던 손을 슬쩍 놓고는 코를 킁킁거렸다.

"어쩐지 시궁창 냄새가 나더라니……. 너 혹시 맨홀 같은 데 들어간 적 있었냐?"

투팍이 형을 노려보았다.

"이것 봐, 이것 봐! 형은 내 손 하나 끝까지 잡아 주지 못하잖아?"

"흠흠."

원팍이 대답 대신 헛기침을 하자 투팍은 계속 툴툴거렸다.

“우리는 가족이라며? 대체 가족 수련 캠프에서 뭘 배웠어? 가족은 잡았던 손을 놓는 것이 아니라 더 단단히 잡아 주는 거라고!”

“난 그냥 네가 손을 너무 안 씻었다고 하기에. 뭔가 썩는 냄새도 좀 나고…….”

원팍은 변명을 하면서도 속으로는 딴생각을 했다.

‘네가 잘 모르는 모양인데 위기에 처하면 도망가는 게 악당 세계의 문화라고! 형제애고 뭐고 일단 나부터 살아남아야지! 순진하기는!’

원팍이 그런 생각을 하는 줄은 꿈에도 모르고 투팍은 계속 불만을 쏟아내

었다.

"형이 와서 큰 힘이 될 줄 알았는데 힘들게 얻은 큐브나 다시 빼앗기고 이게 뭐야?"

"흠흠, 솔직히 힘들게 얻은 건 아니잖아? 변신해서 아주 쉽게 빼앗은 거라며?"

"그래도 30층에서 떨어질 뻔했잖아!"

"그건 내가 구해 줬잖아. 이 형님 아니었으면 넌 말린 오징어 외계인이 됐을지도 몰라!"

"에휴, 그건 그거고……."

투팍의 불만과 잔소리가 끝나지 않자 원팍은 슬쩍 화제를 돌렸다.

"싸랑하는 동생아, 안드로메다에서 온 녀석들이 이번에는 어디로 가는지 확인해 봐라!"

"칫, 말이나 못하면!"

투팍은 원팍을 째려보며 추적 장치를 확인해 보았다. 안드로메다 요원들의 우주선에 몰래 설치해 둔 추적기에 따르면 그들은 열심히 어디론가 이동하고 있었다. 투팍이 요원들의 배송 위치를 매번 정확하게 알 수 있었던 던 이유가 바로 추적기 덕분이었다.

원팍의 우주선은 더 높은 곳에서 요원들의 뒤를 쫓았다. 그렇게 한참을 날아가던 요원들의 우주선이 어느 한곳에서 멈추었다.

"이번에는 여기인가 보네! 어느 지역 상공이야?"

원팍이 묻자 투팍이 위치를 확인했다.

Andromeda Broadcast Corporation
경상북도 안동 지도
뉴스
스포츠
연예
유머
생활
WANTED
BREAKING NEWS
실시간 검색어 순위
1 왼팍 투팍 형제
2 왼팍 현상금
3 개념 왼구
4 ASS
5 왼팍 몸무게
6 투팍 M자 탈모
7 블랙큐브 가격
8 투팍 추남

"대한민국의 경상북도 안동이란 곳이네."

"그래? 흠, 또 어떤 개념을 보내 버린 건지 궁금하네."

원팍의 말에 투팍은 대꾸하지 않았다.

이번에 개념 큐브를 돌려받을 아이의 집은 아주 으리으리했다. 그동안 보았던 아파트와는 다르게 단층으로 되어 있고 마당도 아주 넓었다. 투팍 일행이 도착했을 때 마침 안드로메다 요원들은 집 앞에서 아이에게 큐브를 건네주고 있었다.

두 악당은 근처 담장에 몰래 숨어서 그 모습을 지켜보았다. 딱 봐도 이번 배달 역시 순조롭지 못한 것 같았다. 개념을 전달 받아야 할 아이가 고개를 절레절레 흔들고 있었다. 온몸으로 강력하게 거부하는 모양이었다.

"아니, 저렇게 돌려받기 싫어하는 아이들에게 왜 자꾸 돌려주려는 거야! 그나저나 개념을 보내 버리는 녀석들이 한둘이 아닌가 보네?"

원팍은 투팍에게 나지막하게 속삭였다.

"정말 몰라서 물어? 요즘 지구 아이들 사이에서는 개념을 안드로메다로 보내 버리는 게 유행처럼 되었대! 그러니 저렇게 거부할 수밖에."

"공부하기 싫으면 보낼 수도 있는 거지."

원팍이 그 마음을 충분히 이해한다는 듯 중얼거렸다.

"지구 아이들이 전부 다 그런다고 생각해 봐. 아이들이 이 상태로 자란다면, 지구에는 개념과 지식이 없어지고 결국 살아남는 사람들이 없을걸? 물론 그게 바로 우리가 바라는 거긴 하지만."

"맞아. 개념 없는 사람들로 가득 찬 행성이 망하는 건 시간문제지 뭐."

"재네들이 뭐라고 하는지나 잘 들어 봐."

원팍과 투팍은 귀를 쫑끗 세우고 요원들과 아이의 대화를 엿들었다.

메타는 대문 앞에서 심각한 표정을 한 채 팔짱을 끼고 있었다. 아작 역시 붉어진 얼굴로 주먹을 불끈 쥐며 말하고 있었다.

"야, 이 녀석아, 이거 받아야 한다니까!"

"아, 글쎄, 전 싫다니까요! 다시 가져가세요."

맞은편의 아이는 완강하게 고개를 저었다. 남자아이임에도 피부가 아주 하얬다.

"어휴, 정말 말이 안 통하네! 이걸 안 받으면 문화와 전통 의례에 대한 개념 없이 사는 거라니까! 무식한 아이로 남는 거라고!"

"무식해도 좋아요. 짜증나는 것보다는 낫잖아요."

아작이 한마디 할 때마다 아이는 토를 달았다. 아작은 겨우 겨우 참으며 한 번 더 물었다.

"도대체 뭐가 그렇게 짜증난다는 거냐?"

"아, 몰라요! 알면 뭐 해결해 줄 거예요?"

"개념을 다시 돌려받으면 해결된다니까!"

"그런 말이 어디 있어요? 이 나라의 문화나 전통 의례가 싫어서 보낸 거라니까요!"

그 말에 메타가 의아한 얼굴로 물었다.

"잠깐만! 이 나라라니? 혹시 너 한국 사람이 아니니?"

"아니에요. 전 프랑스 사람이라니까요! 이름도 앙리 킴이에요."

그러고 보니 아이는 지나치게 피부가 하얬다. 머리는 검은색이었지만 눈동자는 연한 파란색을 띠었다. 메타가 개념 큐브를 담아온 상자의 발신자 이름을 확인했다.

"이름이 앙리 킴이 아니라 김영남인데?"

메타의 말에 희멀건 아이의 얼굴 표정이 팍 구겨졌다.

"흥, 그 이름 아니에요. 그건 아빠가 한국에서 부르는 이름이라고요. 내 의견은 묻지도 않고 우리 집안의 돌림자가 '영'이라면서 그렇게 지었어요. 난 절대 그 이름을 쓰지 않을 거예요."

아작과 메타는 서로 마주 보며 어깨를 으쓱했다. 두 요원들은 도대체 상황을 제대로 파악할 수 없었다. 개념을 돌려받지 않겠다고 우기는 건 지구 아이들의 공통점이기는 했지만 이름이 두 개인 경우는 처음이었다. 메타가 다시 설득하기 시작했다.

"영남아, 그래도 일단 이 큐브는 받아 둬라. 이건 영남이 네 것이야!"

"영남이가 아니라니깐요. 앙리 킴!"

"우린 영남이에게 볼일이 있는 거지 앙리 킴이 아니라고. 그러니 네 이름은 영남이가 맞는 거야."

"계속 영남이라고 부를 거면 얼른 가세요!"

앙리 킴, 아니 영남이가 두 요원을 밀치며 다짜고짜 대문을 닫으려 했다.

그때 구원의 손길이 나타났다.

"누가 왔니?"

바로 영남이 엄마였다. 엄마는 프랑스 사람이었다. 메타는 영남이의 엄마에게 자초지종을 설명했다. 그러자 엄마가 미소를 지으며 말했다.

"울랄라! 영남이가 아직 한국 생활에 적응하지 못해서 그런가 봐요. 태어나서 작년까지 계속 프랑스에서만 살았거든요. 그러다가 한국으로 와서 나이도 한 살 더 먹고, 이름도 바뀌고 ……. 게다가 영남이 아빠가 종갓집 종손이라서 집안 행사마다 영남이를 데리고 다니거든요. 그게 귀찮은가 봐요."

"그것뿐이 아니라니까! 그리고 영남이라고 부르지 말라고요! 내 이름은 앙리 킴이라고요!"

영남이는 대문을 쾅 닫고 안으로 들어갔다.

"개념 큐브는 가지고 들어가야지!"

메타가 외쳤지만 한번 닫힌 문은 다시 열리지 않았다.

"그것 제게 주세요. 제가 영남이한테 전해 줄게요."

영남이 엄마가 손을 내밀었다. 메타는 엄마에게 큐브를 넘겨 주며 슬쩍 물었다.

"영남이가 이곳 생활에 불만이 아주 많은가 봐요?"

영남이 엄마가 가벼운 미소를 지으며 답했다.

"아무래도 어린 시절을 프랑스에서 보내고 와 문화 충격이 컸나 봐요. 아직 어려서인지 문화 차이를 이해하지 못하더라고요. 그리고 종갓집 후계자로서 챙겨야 할 의례가 어디 한두 가지여야죠. 갑작스런 변화를 감당하기 힘

든 모양이에요."

"그래서 개념을 안드로메다로 보냈군요!"

아작의 말에 영남이 엄마가 동의하는 듯 고개를 끄덕였다.

"너무 걱정 마세요. 이 개념 큐브를 가지고 있으면 조만간 개념을 찾을 수 있을 거예요!"

메타의 말에 영남이 엄마는 큐브를 이리저리 돌려 보았다. 별로 특이한 점은 없었다. 뚜껑을 열어 보려고 힘을 줬지만 꼼짝도 하지 않았다. 그 모습을 보고 아작이 씩 웃으며 말했다.

"개념이 어느 정도 돌아오면 저절로 열릴 거예요. 그러면 개념 원구가 나와서 영남이 입으로 들어갈 거고요. 그럼 완벽히 개념이 돌아오는 거지요."

아작에 이어 메타가 계속해서 설명했다.

"그 큐브를 영남이한테 전해 주고, 문화나 전통 의례에 대한 일이 있을 때마다 천천히 개념을 떠올리게 하면 됩니다. 그럼 큐브가 주인을 알아채고 저절로 반응할 거예요."

그 말에 영남이 엄마가 한숨을 쉬었다.

"후유, 영남이가 어서 개념을 찾았으면……. 그래서 빨리 한국에 적응하면 좋겠어요."

"시간은 좀 걸리겠지만 꼭 그렇게 될 겁니다."

메타가 엄마를 위로한 뒤 이어서 몇 가지 주의할 점을 알려 주었다.

"절대로 영남이 말고 다른 사람에게 큐브를 주면 안 됩니다. 특히 개념 큐브를 노리는 우주 악당들을 조심해야 해요. 그 녀석들이 이 큐브를 갖게 되면 무서운 일이 일어날 수 있거든요. 그리고 혹시 무슨 일이 생기면 영남이에게 '안드로메다 도와줘!'라고 외치게 하세요!"

두 요원은 마지막 당부를 한 뒤 영남이 엄마를 믿고 일단 떠나기로 했다.

큐브를 빼앗은 어르신

◎◎◎ 두 요원이 떠나자 투팍과 원팍이 모습을 드러냈다. 원팍이 씩 웃으며 말했다.

"싸랑하는 동생아, 「문화와 전통 의례」에 관한 개념이라고 하는구나."

"나도 들었어!"

투팍은 쏘아붙이듯 말한 뒤 잠시 생각에 잠겼다. 개념이 어떤 내용인지가 중요한 게 아니었다. 큐브를 받은 사람이 아이의 엄마라는 사실이 문제였다. 지구 아이들은 당돌하기는 하지만, 살살 구슬리면 개념 큐브를 넘겨주었다. 하지만 큐브를 가진 상대가 어른이라면 사정이 다르다. 하나라도 더 배우게 하려고 아이들을 온갖 학원에 보내는데, 아이가 보내 버린 개념을 도로 가져왔다고 하면 좋다고 만세를 부를 것이다. 엄마한테서 개념 큐브를 빼앗으려면 어떻게 해야할지 머리가 아팠다. 투팍이 이런 고민을 이야기하자 원팍은 아무렇지도 않다는 듯 대답했다.

"그건 이 형한테 맡기라고!"

"뭐 좋은 방법이라도 있어? 이번에는 혼자 도망치지 않아도 되는 방법인가?"

투팍이 못 믿겠다는 듯 비꼬며 말했다.

"우리 동생! 못 보던 사이에 뒤끝 많이 생겼네."

"빨리 방법이나 이야기해 봐."

투팍의 재촉에 원팍은 심드렁한 표정으로 이야기했다.

"간단하게 생각하라고! 방금 나왔던 저 엄마가 종갓집 며느리라고 하잖아? 그리고 우리는 마음대로 변신할 수 있고! 어때, 뭐가 딱 떠오르지 않아?"

"아하!"

투팍이 감을 잡았다는 듯이 물었다.

"혹시 종갓집으로 변신할 생각?"

"윽!"

원팍이 한 손으로 자기 뒷통수를 잡으며 말했다.

"싸랑하는 동생아, 종갓집으로 어떻게 변신을 하냐?"

"그럼 뭐로 변신해서 큐브를 받아 낸다는 거야?"

투팍이 형의 생각을 도저히 모르겠다는 듯 눈을 끔뻑거리며 물었다. 원팍은 그런 동생을 보고 싱긋 웃었다.

쾅쾅! 쾅쾅!

잠시 후, 두 사람이 영남이네 대문을 요란하게 두드렸다. 두 사람 모두 수염을 길게 길렀고 얼굴에는 자글자글한 주름이 가득했다. 언뜻 조선의 선비처럼 보였다. 투팍은 검은 망토 대신 새하얀 옷을 입은 게 영 못마땅했다. 투팍은 바람에 펄럭거리는 옷자락을 손으로 만지작거리며 말했다.

"이건 뭐……. 난 역시 우주 장인이 정성껏 만든 망토가 최고인 것 같아!"

"이런! 동생아, 이 기회에 그 망토는 헌옷 수거함에 넣도록 해라. 꼬질꼬질해서 도저히 못 봐주겠더라."

"뭐라고? 그게 보이는 것처럼 단순한 망토가 아니라니까! 그리고 지구인들한테 슈퍼 히어로의 상징은 바로 망토라고! 망토 없는 슈퍼 히어로는 치즈 없는 피자야. 알지도 못하면서, 쯧!"

"어휴!"

투팍의 잔소리가 길어지려는 찰나 영남이 엄마가 대문을 열고 밖으로 나왔다. 엄마는 텔레비전 드라마에서 막 튀어나온 것 같은 두 노인을 바라보며 의아한 표정을 지었다.

"누구세요?"

그 말에 노인으로 변신한 원팍이 다짜고짜 소리를 버럭 질렀다.

"누구라니? 종갓집 며느리가 감히 문중의 어른도 못 알아본다는 게냐?"

문중의 어른이라는 말에 영남이의 엄마는 죄 지은 사람처럼 쩔쩔매며 '죄송합니다'를 몇 번이고 말했다.

"그런데 저희와 촌수가 어떻게 되시는지 알 수 있을까요?"

영남이 엄마가 정중하게 물었다.

"흠흠, 영남이 애비의 할아버지의 사촌 동생의 이종이다."

영남이 엄마는 손가락으로 몇 촌간인지 헤아려 보려 노력했다.

"그러니까 영남이 아빠의 할아버지의 사촌 동생의……."

"지금 뭐하는 짓이냐!"

원팍은 급히 영남이 엄마를 향해 소리를 질렀다.

"집안의 어른이라고 하면 공손히 인사부터 할 것이지 어디서 손가락을 헤아리느냐? 내가 초야에 묻혀 세상 돌아가는 일에 관심을 두지 않으려 했지만, 놀라운 소식을 듣고 이렇게 직접 달려온 것이야!"

"저, 그 놀라운 소식이 뭔지 여쭈어도 될까요?"

영남이 엄마가 다시 조심스레 물었다.

"우리 문중의 종손이 전통 의례에 관한 개념을 어디다 팔아먹었다고 들었다!"

영남이 엄마는 금세 난처한 얼굴을 하고 말했다.

"울랄라! 팔아먹은 게 아니고요. 그냥 잠시 어디로 보낸 거예요."

"뭐라고? 판 것이 아니라 그냥 보낸 거라고? 차라리 팔기라도 했으면 돈이라도 남았을 텐데 공짜로 줬다는 거냐?"

"그럼 팔았어야 했나요?"

영남이 엄마가 고개를 갸우뚱거리며 다시 묻자 원팍이 바로 대답했다.

"흠, 솔직히 그걸 노리는 우주 악당들이 많기는 하지. 팔았다면 돈을 아주 많이 받을 수도 있었을 게야……."

그때 투팍이 원팍의 옆구리를 툭 치며 작게 속삭였다.

"형, 지금 뭐하는 거야?"

"아차!"

잠시 우주 악당의 본색을 드러냈던 원팍은 다시 종갓집 어른의 역할로 돌아왔다.

"흠, 종갓집 손자로서 개념을 보냈다는 것은 있을 수 없는 일이다. 내가 여기에 머물며 개념을 다시 찾아오는 것을 확인할 것이니 그런 줄 알거라!"

원팍은 엄포를 늘어놓으며 집 안으로 들어가려고 했다.

"개념 여기 있는데요?"

영남이 엄마가 화이트 큐브를 원팍의 눈앞으로 들어올렸다. 원팍과 투팍은 마주 보며 은밀히 고개를 끄덕였다. 원팍은 다시 고함을 질렀다.

"떽! 지금 나를 놀리는 게냐? 그게 무슨 개념이냐? 정사각형으로 생긴 요상한 물건으로밖에 보이지 않는데!"

"영남이가 개념을 안드로메다로 보냈지만 그 행성 사람들이 다시 큐브 안에 담아 가지고 온 것입니다."

"안드로메다는 뭐고 행성은 또 무엇이냐? 일단 그거 이리 줘 봐라. 내가 그 큐브라고 하는 것을 직접 봐야겠다!"

원팍은 짐짓 아무것도 모른다는 듯 연기하며 영남이 엄마를 능숙하게 속이고 있었다. 투팍은 옆에서 계속 감탄을 했다. 역시 우주 악당 학교의 장학생다웠다.

"그게 좀…… 드리기는 힘든데요."

영남이 엄마는 곤란하다는 표정을 지으며 말했다. 그 말이 끝나자마자 원팍은 다시 버럭 화를 냈다.

"떼끼! 문중 어른이 달라고 하면 바로 줄 것이지 무슨 말이 그렇게 많아?"

옆에서 투팍도 한마디 거들었다.

"빨리 주거라! 문중의 호랑이라 불리는 이 어르신 이야기를 못 들어 봤구나?"

"어흥! 어흐흥!"

갑자기 원팍이 호랑이 울음소리를 냈다. 투팍이 화들짝 놀라 원팍의 귀에 대고 속삭였다.

"그렇다고 진짜 호랑이 흉내를 낼 것까지야 없어!"

"아니, 난 더 무섭게 보이려고……."

두 우주 악당이 속삭이고 있을 때 영남이 엄마의 얼굴은 점점 울상이 되었다. 안드로메다 요원들은 분명 아무에게도 주지 말라고 했다. 하지만 문중 어른이 보여 달라는 것을 거절하기도 힘들었다.

'잠시 보여 준다고 무슨 일이 생기지는 않겠지…….'

영남이 엄마는 큐브를 문중 어른으로 변신한 원팍에게 건네주었다. 원팍은 큐브를 받자마자 동생에게 넘겼다. 투팍은 떨리는 손으로 큐브를 받아 들었다. 이제 떨리지 않을 만도 한데 큐브만 받으면 손이 덜덜 떨렸다.

"다 보셨어요? 이제 다시 주세요"

영남이 엄마가 손을 내밀었다. 하지만 다시 건네줄 투팍이 아니었다.

투팍은 품 안에서 블랙 큐브를 꺼내 영남이의 큐브 안에서 빼낸 개념 원구를 담았다.

"지금 뭐하시는 거예요?"

영남이 엄마가 의아해하며 물었다. 투팍은 영남이 엄마를 스윽 보더니 블랙 큐브를 살살 문질렀다.

"울랄라! 이게 뭐예요?"

큐브에서 안개가 뭉게뭉게 나오자 엄마가 놀라며 물었다.

"마음을 편하게 해 주는 것이란다."

문중 어른으로 변신한 투팍은 인자한 미소를 지으며 말했다.

"「문화와 전통 의례」에 관한 개념을 엉망으로 만들어 주거든!"

"그게 무슨 말씀이신지요?"

깜짝 놀란 엄마가 잠시 눈을 깜빡이는 사이 문중의 어른들은 어디론가 사라져 버렸다. 영남이 엄마는 마치 귀신에 홀린 듯 집 안으로 들어왔다. 하지만 무언가 빠뜨린 느낌이 들었다.

"아차, 영남이의 개념 큐브!"

영남이 엄마는 서둘러 다시 대문 밖으로 나갔지만 그곳에는 속이 빈 화이트 큐브만 뚜껑이 열린 채 뒹굴고 있었다.

"엄마, 왜 그래?"

영남이가 부르는 소리에 뒤돌아 본 엄마는 방금 일어난 일을 자세히 설명했다.

"네가 받아야 할 것을 엄마가 잃어버려서 어떡하니?"

엄마가 미안한 얼굴로 말하자 영남이가 씨익 웃었다.

"상관없어요! 어차피 돌려받고 싶지 않았으니까요."

차라리 잘된 일이었다. 오히려 기분이 좋아진 영남이는 휘파람을 휘휘

불며 마당을 거닐었다. 그때 대문이 활짝 열리더니 자주 오가는 친척들과 동네 어른들이 줄줄이 들어왔다.

"아, 웬일들이세요?"

영남이 엄마가 반갑게 맞으며 물었다.

"웬일이라니? 오늘이 영남이 고조할아버지의 제사잖아. 제사 음식을 장만하려면 일손이 필요할 테니 도와주러 왔지!"

앞장선 동네 할머니가 큰 소리로 말했다.

"제사요? 그게 뭔데요?"

영남이 엄마가 고개를 갸우뚱하며 물었다.

"제사를 모르다니? 그게 무슨 소리냐?"

나이 지긋한 친척 어른이 큰 소리로 호통을 쳤다. 그러나 영남이 엄마는 정말 영문을 모르겠다는 듯 커다란 눈만 끔뻑거릴 뿐이었다.

"한 달 전에도 조상님의 제사를 지냈잖니!"

앞장섰던 할머니가 덧붙여 말했다. 하지만 엄마는 여전히 아무것도 모르는 눈치였다. 급기야 친척 어른들이 영남이를 바라보며 말했다.

"너희 엄마 오늘 어디 아프냐? 갑자기 왜 제사도 모른다고 그래? 네가 설명해 줘라."

"제사가 뭔데요?"

영남이가 고개를 한쪽으로 기울이며 물었다.

"예끼, 이 녀석아! 할아비를 놀리면 못써! "

친척 어른은 들고 있던 지팡이로 영남이의 머리에 콩 하고 알밤을 먹였다. 무척 아팠다. 하지만 그 아픔보다 억울함이 더 컸다. 정말 제사가 뭔지 몰라서 물었기 때문이다. 친척 어른은 불같이 화를 냈다.

"내 이럴 줄 알았어! 이래서 국제결혼은 안 된다는 거야! 파란 눈의 며느리를 들였더니 이런 일이 벌어지지 않느냐? 우리나라의 전통 의례에 관해 아는 게 하나도 없잖아!"

영남이는 자기가 욕을 먹는 것은 괜찮았지만 엄마까지 심한 소리를 듣자 기분이 몹시 나빴다. 하지만 어른들에게는 항상 공손해야 한다고 아빠가 당부한 말이 떠올랐다. 영남이는 잘 몰랐지만 어른을 공경하는 것 또한 한국의 문화였다.

"거, 너무 소리만 지르지 말고 우리나라 전통에 대해 차근차근 알려 줘요. 어르신은 옛날에 서당 훈장님도 하셨잖소.."

동네 할머니가 친척 어른을 달래며 말했다. 친척 어른은 간신히 흥분을 가라앉히고 꼬장꼬장한 얼굴로 입을 열었다.

"흠흠, 너희는 아직 어리고 한국에 온 지 얼마 되지 않았으니 이해하마. 간단하게 몇 가지만 알려 줄 테니 잘 기억하거라!"

영남이는 설명을 듣고 싶지 않았지만, 풀이 죽은 엄마를 위해서 참기로 했다.

"에……. 의례라는 것은 시대나 지역 그리고 문화에 따라 다 다른 것이다. 프랑스에서는 어떤 것이 전통 의례인지는 모르겠지만, 우리나라에서는 옛날부터 해 왔던 돌잔치, 성인식, 결혼식, 장례식, 제사 등을 가리켜 전통 의례라고 부르지."

'치이, 저 고리타분한 이야기들!'

듣지 않으려 해도 귀에 들어오는 것을 막을 수는 없었다. 그리고 그건 바로 영남이의 개념 큐브에도 영향을 주었다.

"허, 이것 봐라."

그 시각, 투팍은 상자 안에 보관해 둔 영남이의 개념 큐브를 꺼내 보다가 혀를 찼다.

"싸랑하는 동생아, 무슨 일이냐?"

원팍이 물었다.

"이 녀석의 큐브에서 희미하게 빛이 들어오는데?"

"흠, 그게 무슨 뜻이냐?"

"안드로메다 요원들이 영남이한테 개념을 깨우쳐 주고 있는 거겠지."

"벌써?"

"그러게. 이번에는 동작이 빠르네."

"흠흠, 그럼 우리도 더 빨라야 하지 않을까?"

"형이 도망치는 속도만큼만 빠르면 될 거 같은데!"

또다시 투팍이 비꼬듯 말하자 원팍도 드디어 짜증을 냈다.

"그 이야기는 이제 그만 좀 하라니까! 지금 급한 건 영남이의 큐브를 제대로 사용하는 것 아니겠어?"

"그래서 지금 학교로 가고 있잖아."

투팍이 이미 다 생각을 끝냈다는 듯 답했다.

"어? 학교는 왜?"

"아이들은 「문화와 전통 의례」라는 개념을 주로 학교에서 배워. 만약 학교에 바이러스가 퍼진다면 어떻게 될까?"

"오, 그거 호기심이 확 당기는데?"

"이왕이면 영남이가 다니는 학교가 좋을 것 같아서 그곳으로 가고 있어."

"그건 또 왜?"

원팍이 묻자 투팍이 뜻 모를 미소를 지으며 말했다.

"두고 보면 알아!"

개념 정리

우리나라의 전통 의례 ①

의례란 생활 속에서 중요하게 여기는 때에 특별한 형식에 맞추어 하는 행사를 말한다. 우리나라의 전통 의례로는 아이가 태어나 무사히 1년이 지난 것을 축하하는 돌잔치, 남자와 여자가 만나 부부가 되는 결혼식, 사람이 죽은 후 장사를 지내는 장례식, 조상을 기리기 위해 해마다 치르는 제사 등이 있다.

돌잔치

구분	옛날	오늘날
차이점	주로 집에서 잔치를 벌였다. 가족, 친척, 동네 사람들이 다 함께 모여 축하했다. 돌잡이 물건으로 붓, 책, 실타래, 돈, 활 등이 있었다.	큰 음식점이나 식당 등에서 연다. 가족, 친척, 친구, 직장 동료 등이 참석한다. 돌잡이 물건으로 마이크, 마우스, 청진기, 돈 등이 있다.
공통점	아이가 건강하게 무사히 잘 자라기를 바라는 마음으로 행사를 치른다.	

결혼식

구분	옛날	오늘날
차이점	집안 어른들끼리 혼인 약속을 했다. 정해진 날에 신랑이 말을 타고 신부 집에 가면, 신부 측에서 나무로 만든 기러기를 건네주며 혼례가 시작되었다. 혼례를 치른 뒤에는 신부 집에서 며칠을 묵은 다음, 함께 신랑 집으로 가서 폐백을 드렸다.	예식장에서 신부는 웨딩드레스, 신랑은 양복을 입고 식을 올린다. 결혼식 순서는 간단하며, 예물로 서로 반지를 교환한다. 결혼식이 끝나면 어른들에게 폐백을 드린 후 신혼여행을 떠난다.
공통점	부부가 오랫동안 행복하게 살기를 바란다.	

5장

생활 습관은 모두 다른 거라고!

학교가 수상해

◎◎◎ 영남이네 집에도 아침이 밝았다. 어젯밤에는 친척들뿐만 아니라 동네 주민들까지 모두 모여 부랴부랴 음식을 준비한 덕에 간신히 제사를 지낼 수 있었다. 무사히 넘어가기는 했지만, 집안 어른들의 실망은 이만저만이 아니었다. 그 때문에 아침부터 영남이의 아빠와 엄마는 말다툼을 하고 있었다.

"제사를 잊었다니 그게 말이나 되는 소리요?"

아빠의 호통에 엄마는 억울하다는 듯이 대답했다.

"정말 까마득하게 아무 생각이 안 났다니까요!"

"좋소. 제사 날짜를 잊었다는 것은 이해한다 쳐도 제사의 의미조차 잊었다는 건 정말 심각한 일 아니오?"

"대체 왜 제사를 지내는 건지 여전히 이해가 안 된다고요."

엄마는 어제 어른들에게 설명을 들었는데도 죽은 사람에게 왜 인사를 하는 건지 도저히 이해할 수 없었다. 어느 누구도 영남이 엄마가 개념 바이러스에 당했다는 사실을 알지 못했다.

"거 참, 정말 큰일 났네!"

아빠가 계속 투덜거리며 구박하자 엄마가 결정적으로 한마디 말을 내뱉었다.

"제사고 뭐고 다 귀찮고, 필요 없으니 프랑스로 돌아가요!"

"뭐라고?"

아빠는 아빠대로 당황했다. 주변의 반대가 많았지만 영남이 엄마와 국제 결혼을 한 후로는 모든 일을 엄마와 상의했다. 이번에 한국에 온 것도 마찬가지였다. 뿐만 아니라 한국 문화에 대해 자세히 배우고 싶다고 언제나 입버릇처럼 이야기하던 아내였다. 그런데 하루아침에 사람이 돌변한 것이다.

'엄마 이겨라! 엄마 이겨라!'

옆에서 지켜보던 영남이는 엄마가 말다툼에서 이기라고 응원했다. 사실 한국이 그렇게 싫은 것은 아니었다. 새로 사귄 친구들도 전부 마음에 들었다. 특히 한국 친구들에게는 '정'이 있었다. 하지만 그렇다고 해도 한국의 전통 문화는 너무 버거웠다.

결국 결론을 내지 못한 채 아빠는 출근 준비를 서둘렀다. 그리고 엄마와 영남이를 보며 말했다.

"오늘 저녁에 내 사촌 동생의 첫 아이 돌잔치가 있는 건 안 잊었지요? 중요한 행사이니 잊지 말고 꼭 와요! 영남이, 너도! 학교 마치고 돌잔치에 꼭 와야 한다."

'뭐야? 또 돌잔치야? 우리 집안은 뭔 행사가 이리 많아?'

영남이는 우울한 마음으로 학교로 향했다.

"돌잔치라는 게 도대체 왜 중요한 거야? 그냥 케이크나 사서 나눠 먹으면 그만이지. 별것도 아닌 걸로 잔치까지 하고 그래! 정말 귀찮아!"

투덜거리다 보니 어느새 학교였다. 교문 앞에서는 아이들 한 무리가 선생님 앞에 서서 혼이 나고 있었다. 옆에 있던 반 친구한테 물어보니 선생님한테 인사를 하지 않은 것도 모자라 다짜고짜 반말을 했다는 것이다. 한두 명이 실수로 그런 것도 아니고 아이들 수십 명이 동시에 그랬다는 것이 무척 이상했다. 영남이는 고개를 갸웃거리며 교실로 들어갔다.

잠시 후 선생님이 교실로 들어섰다. 하지만 누구 하나 제대로 인사하는 친구가 없었다. 그보다 더 황당한 일은 쉬는 시간에 벌어졌다. 아이들이 마치 로봇처럼 일제히 일어나더니 동시에 화장실을 다녀온 것이다. 체육 수업 시간에도 묘한 일은 계속되었다. 자유 운동 시간이었는데 아이들이 하나 같이 축구만 했다. 여자아이들도 마찬가지였다. 영남이는 운동을 싫어하기로 유명한 채린이에게 물었다.

"야, 너 축구 안 좋아하잖아?"

"내가 언제 축구를 안 좋아했어? 난 축구가 제일 좋아!"

채린이는 이렇게 답하고 공을 차러 뛰어갔다. 다른 친구들 몇 명에게 물어봐도 모두 축구를 제일 좋아한다고 말했다. 그뿐이 아니었다. 국어 수업 시간에도 반 아이들이 똑같은 동시만 좋아하고, 음악 수업 시간에도 똑같은 춤을 추고 노래를 불렀다. 심지어 급식 시간에는 같은 음식만 골라 먹었다.

모두 제각각 행동하는 게 정상인데 오늘은 정말 이상했다. 어

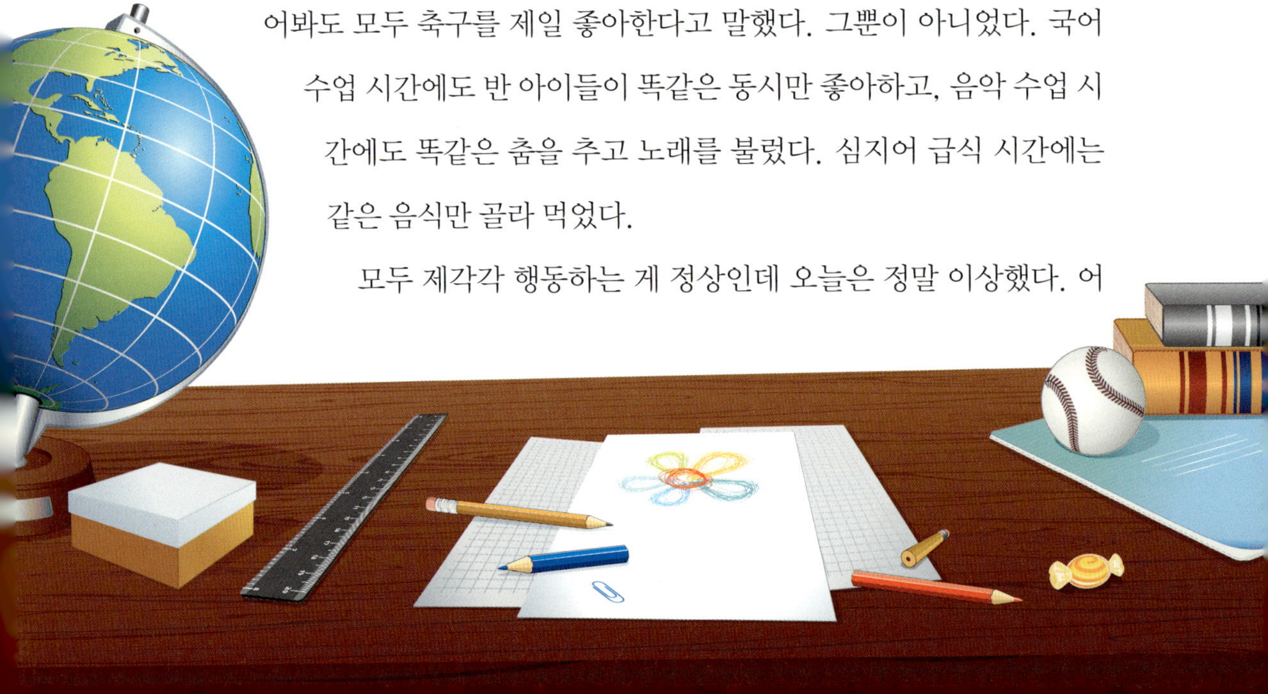

제 요원들이 다녀간 이후 영남이 주위에는 계속해서 묘한 일들만 벌어지고 있었다.

가만히 생각해 보면 엄마가 제사에 대한 개념을 아예 잊은 일도 이상했다. 프랑스 사람이지만 엄마는 원래 한국의 문화나 전통 의례에 대해 관심이 아주 많았다. 그런 엄마가 '제사'를 잊어버렸다는 것도 믿기지 않았고, 또 한국 문화가 싫다고 프랑스로 돌아간다고 하는 것도 평소와는 매우 다른 모습이었다.

'혹시 내가 개념을 돌려받지 않아서 그런가? 그럼 지금이라도 받아야 하나? 하지만 내 개념 큐브는 친척 어른이 가져갔다고 했는데?'

머릿속에서 여러 가지 생각이 마구 헝클어진 채 빙빙 돌아다녔다. 혹시 모두가 정상이 아닐지도 모른다는 생각을 하자 덜컥 겁이 났다. 개념을 받고 싶지는 않았지만, 이대로 두면 정말 큰일 날 것만 같았다. 그때 개념 큐브를 주고 간 안드로메다 요원들이 생각났다. 어려운 일이 생기면 뭐라고 하라 그랬는데? 음……, 맞아! 영남이는 그 길로 운동장으로 나가 하늘을 향해 소리쳤다.

"안드로메다 도와줘!"

얼마나 시간이 흘렀을까? 하늘 어디에선가 덜컹덜컹, 털털털, 삐걱삐걱 소리가 들리기 시작했다.

'무슨 소리지?'

하지만 하늘을 봐도 아무것도 보이지 않았다. 영남이는 주위를 두리번거렸다. 그때 교문 밖에서 헐레벌떡 뛰어오는 두 요원이 보였다. 요원들의 얼굴은 빨갛게 상기되어 있었다.

"우리 불렀냐?"

메타의 물음에 영남이가 고개를 끄덕였다.

"이상한 일이 일어나고 있어요!"

영남이는 어제 그들이 다녀간 뒤에 벌어진 일들을 자세히 설명했다.

"끄응, 어쩐지 일이 잘 풀린다 했어!"

영남이가 이야기를 끝내자 아작이 상한 음식이라도 먹은 사람처럼 인상을 팍 찌푸리며 말했다.

"에잇, 지구 아이들한테는 왜 쉽게 개념이 전달되지 않냐고!"

"저야 모르죠. 그걸 왜 저한테 따지세요?"

아작의 꾸지람에 영남이도 지지 않고 맞섰다.

"처음부터 네가 그냥 받는다고 했으면 일이 쉬웠잖아!"

"이런 일이 벌어질 줄은 몰랐죠! 그리고 내가 받았다면 안 뺏겼을 거라는 보장이 있어요?"

영남이의 말에 말문이 막힌 아작은 자기도 모르게 고개를 저었다.

"그나저나 네 친척 어른들은 왜 큐브를 가져간 거야?"

"저야 모르죠. 왜 자꾸 저한테 물어보세요?"

"그럼 너는 아는 게 뭐냐?"

"외계인 아저씨는 아는 게 뭔데요? 나한테 다 물어보고 있잖아요?"

아작과 영남이의 말다툼을 가만히 지켜보던 메타가 둘 사이에 끼어들며 말했다.

"아무래도 그 친척 어른들이 우주 악당 녀석들 같다."

"잉? 투팍 녀석이 변신한 거란 말이야?"

아작이 어이없다는 듯 말했다.

"그래, 척 보면 모르겠어? 영남이 엄마와 학교에 바이러스를 뿌릴 수 있는 게 누구겠어?"

冠 관
관혼상제 알아보기

喪 상
祭 제
婚 혼

"하긴 그 녀석들이라면 못할 것도 없지."

"원팍과 투팍이 함께 다닌다면 점점 더 못된 짓을 할 거야."

메타가 심각한 표정으로 말했다. 악당 하나도 골치 아픈데 둘이 되었다니……. 앞으로 어떤 나쁜 일들이 벌어질지 짐작하기도 어려웠다.

"저기요. 빨리 친구들이나 원래 상태로 돌려주세요."

"바로는 안 돼. 네가 받아야 할 개념 큐브를 투팍이 훔쳐서 「문화와 전통 의례」에 관한 바이러스로 만들어 뿌렸거든!"

"문화니 전통 의례니 뭐 그런 것들하고 제 친구들이 이상하게 된 것하고 무슨 상관이에요?"

"지금 네 친구들이 하는 이상한 행동도 문화와 관련이 있으니까! 문화는 문화재 같은 것만 말하는 게 아니야. 문화란 사람들의 생활 모습 전체를 말한다고."

"그런가요?"

영남이는 처음 알았다는 듯이 말했다. 이전에 알고 있었다고 해도 어차피 개념을 보내 버렸으니 생소한 이야기나 마찬가지일 것이다.

"그래. 사람들이 아는 지식이나 가치, 관습, 종교, 취향뿐만 아니라 인사하는 태도나 네가 이상하다고 여겼던 친구들의 수업 모습, 좋아하는 운동, 음식 등 사람들이 생활하는 모습을 모두 문화라고 보면 돼. 바이러스로 그런 개념들이 엉망이 되어 버렸으니 선생님한테 반말을 한 것도 이상한 건 아니지!"

영남이는 뭔가 깨달았다는 듯이 물었다.

"그 말은 곧 제 친구들의 생활 모습이 달라진 것도 저 때문이라는 뜻인가요?"

메타가 고개를 끄덕였다.

"꼭 네 탓이라고 할 수는 없지만, 네 탓이 아니라고도 할 수 없지!"

메타의 애매한 대답에 영남이가 답답하다는 듯 물었다.

"그럼 제가 어떻게 해야 해요?"

"개념을 떠올려야지!"

"다짜고짜 그게 무슨 말이에요? 뭘 어떻게 떠올려요?"

"네가 개념을 하나도 떠올리지 못한다면 방법이 없어. 하지만 하나라도 떠올린다면 바로 슈퍼컴의 큐브 추적기에 표시가 될 거야."

"우와! 큐브 추적기요?"

영남이가 호기심을 보이며 메타가 손목에 찬 큐브 추적기를 바라보았다.

"그래! 한번 켜 줄 테니 잘 봐라."

메타는 우쭐해하며 슈퍼컴을 작동해 큐브 추적기를 켰다.

"지금은 네 큐브에 빛이 들어오지 않을 테니 위치가 표시되지는 않았을 거야!"

그 말을 들으며 영남이는 추적기를 보았다. 뭔가가 깜빡거리고 있었다.

"여기 한군데에 불빛이 들어와 있는데요?"

메타의 눈이 휘둥그레졌다.

"엥? 그럴 리가 없는데? 너 혹시 개념 찾았냐?"

"아닐걸요."

영남이가 고개를 저었다. 어젯밤 친척 어른의 설명을 듣고 개념이 조금 돌아왔다는 사실을 전혀 깨닫지 못하고 있었다.

"이상하네. 어쨌든 녀석이 큐브를 가지고 도망간 곳이 어딘지나 보자."

메타가 곧바로 확인했다. 하지만 멀리서 찾을 필요도 없었다. 큐브 추적기는 바로 자신들이 있는 자리를 가리키며 깜빡거리고 있었다.

"헉, 이 학교잖아?"

일행은 놀라 주위를 두리번거렸다. 학교 안에 영남이의 큐브가 있다는 뜻이었다. 메타는 지도를 확대해서 위치를 자세히 확인해 보았다. 운동장은 아니었다. 바로 학교의 한가운데였다.

"앗, 여긴 체육관이에요!"

추적기를 보던 영남이가 한 건물을 손으로 가리키며 외쳤다.

함정에 빠졌어!

◎◎◎ 아작과 메타는 체육관을 향해 빠르게 달렸다. 투팍 일행이 큐브를 가지고 다시 도망가기 전에 잡아야 했다. 두 사람은 체육관 문을 거칠게 쾅 열어젖히고 들어갔다. 하지만 체육관 안은 텅 비어 있었다. 체육관 구석구석을 뒤져 봤지만 큐브는 물론이고 원팍 형제도 찾을 수 없었다.

"어떻게 된 거지?"

메타가 서둘러 위치 추적기를 다시 확인했다. 자신들이 서 있는 곳과 정확히 일치하고 있었다. 다시 주위를 두리번거려 보았지만 아무것도 찾을 수 없었다. 영남이가 조심스레 말했다.

"혹시 아래쪽에 있는 지하 창고가 아닐까요? 체육관 지하실에 운동 기구와 잡다한 물건들을 모아 두는 창고가 있거든요."

"지하실이 있다고? 진작 말할 것이지!"

아작이 앞장서서 체육관의 지하실 입구로 향했다. 아작은 녹슨 문을 천천히 열고 창고 안을 들여다보았다. 하지만 너무 깜깜해서 아무것도 보이지 않았다. 아작이 벽을 더듬거리며 스위치를 찾았지만 그마저도 쉽지 않았다. 그때 창고 한가운데에서 밝게 빛나는 것이 보였다. 아작은 작은 목소리로 메타와 영남이에게 말했다.

"쉿! 굳이 스위치를 켤 필요 없겠어! 저 안에 큐브가 있는 것 같아……."

아작은 창고 안으로 성큼성큼 걸어 들어갔다.

"잠깐만!"

메타가 급히 아작의 옷을 붙잡으며 말했다. 아작이 의아한 얼굴로 메타를 바라보았다.

"큐브 빛이 좀 이상하지 않아?"

메타의 말이 끝나기가 무섭게 지하 창고의 문이 쿵 소리를 내며 닫히고 말았다.

"엥? 누가 문을 닫은 거야?"

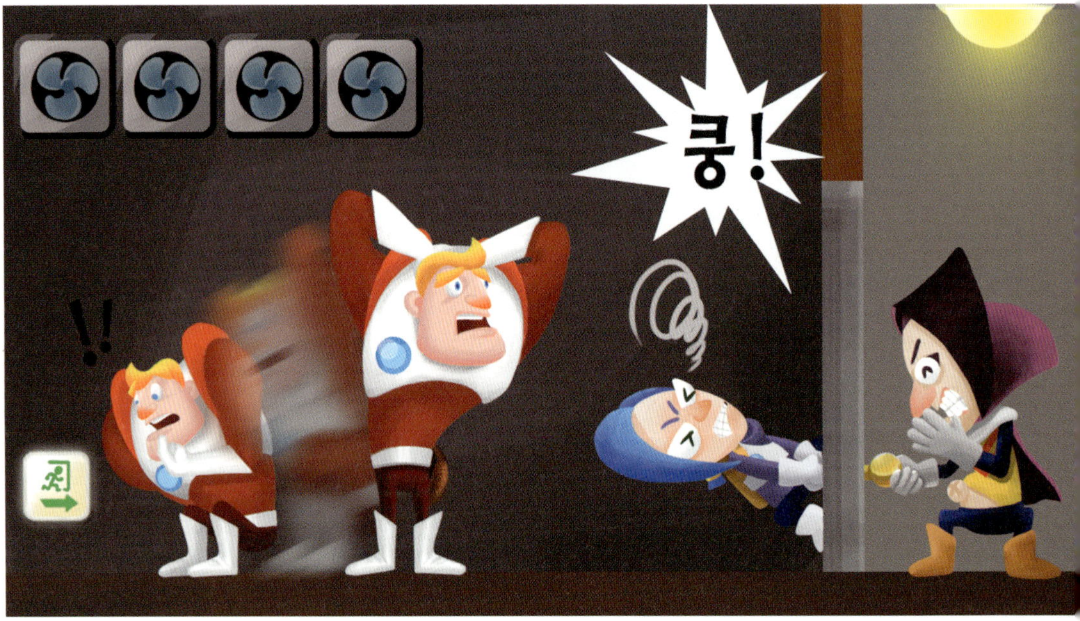

아작이 입구로 달려가 문을 밀었다. 하지만 문은 열리지 않았다. 문고리 역시 헛돌아갈 뿐이었다. 아작은 문을 쾅쾅 두드리며 외쳤다.

"영남아! 네가 닫은 거니? 영남아!"

하지만 문 밖에서는 아무 소리도 들리지 않았다. 그 사이 메타는 빛이 나는 쪽으로 걸어갔다. 큐브를 확인한 메타는 침울한 표정으로 아작을 보며 말했다.

"함정이야!"

"뭐라고? 그게 무슨 소리야?"

"이걸 봐! 큐브의 빛이 이상하다고 했잖아!"

메타가 가리키는 쪽을 확인한 아작의 눈이 커졌다. 그건 그냥 네모난 모양을 한 전등이었다.

한편 창고 밖에서는 한 괴한이 영남이의 입을 막고 몸을 번쩍 들어 올리고 있었다.

"읍, 으읍!"

영남이는 풀려나려고 몸부림쳤지만 상대의 힘이 워낙 세서 꼼짝할 수가 없었다. 누군가가 창고 문을 닫고 잠그는 소리가 들렸다. 영남이는 괴한의 어깨에 거꾸로 매달린 채 이리저리 흔들렸다. 그 바람에 영남이의 눈이 팽팽 돌 지경이었다.

"대체 누구야!"

영남이가 소리를 질렀지만 헐떡거리는 숨소리만 들릴 뿐이었다. 잠시 후 우당탕탕 문 열리는 소리가 요란하게 들렸다.

"푸하하핫! 성공이다!"

투팍과 원팍은 영남이를 우주선 안에 무사히 내려놓고, 서로 손을 맞잡고 좋아했다. 영남이의 학교로 가자던 투팍의 계획은 바로 이것이었다. 영남이를 미끼로 삼아 안드로메다 요원들을 유인해서 자신들의 계획을 방해하지 못하도록 가두어 놓는 것! 그 계획은 성공적이었다.

"자, 이제 레이저를 발사하자!"

투팍은 원팍을 보고 웃으며 말했다.

"무슨 레이저?"

원팍이 되묻자 투팍이 답답하다는 듯 말했다.

"안드로메다 요원 녀석들이 지금 창고에 갇혀 있잖아. 우주선에 장착된 레이저로 창고를 쑥대밭으로 만들어 버리자고!"

"아, 글쎄 레이저가 어디 있냐고?"

원팍도 답답하다는 듯 말했다.

"형 우주선에는 레이저도 없어?"

"없어! 급하게 도망치느라고 그냥 기본만 되는 걸로 훔쳤거든!"

"어휴, 무기가 달린 우주선을 훔쳐 왔어야지!"

투팍이 답답하다는 듯 가슴을 탕탕 쳤다.

"아, 그럼 숨겨 둔 네 우주선을 가져와서 레이저를

쏘면 되잖아!"

원팍이 소리를 지르자 투팍이 머리를 긁적였다.

"내 것도 없으니까 그렇지……."

"뭐라고?"

원팍은 기가 막혔다. 하지만 지금 이 순간 가장 기가 막힌 사람은 바로 영남이었다. 기껏 자기를 납치해 와서는 바닥에 내던져 둔 채 아는 체도 하지 않았기 때문이다. 영남이는 결국 참지 못하고 소리쳤다.

"여기 보셔요. 저도 있거든요!"

투팍은 '아차!' 하는 표정을 지으며 영남이에게 말했다.

"우리 우주선에 탑승한 것을 환영한다."

"장난하세요? 강제로 태우고 환영은 무슨? 빨리 돌려보내 줘요!"

"어허, 왜 이리 반항적일까? 요원 녀석들이 우리에 대해 뭐라고 이야기했는지는 몰라도 우리는 너를 도와주러 온 거야!"

"도와주기는 뭘 도와줘요. 엄마도, 친구들도 이상하게 만들었으면서!"

"네가 「문화와 전통 의례」 개념이 싫어서 안드로메다로 보낸 거 아니니?"

"그렇기는 한데 그래도 뭔가 이상하단 말이에요."

"이상할 것 하나도 없다. 지금은 단지 어색해서 그러는 거야! 네가 원하는 세상이 바로 올바른 세상이거든. 그렇지 않아도 세상이 복잡한데 서로 다른 문화를 왜 이해해야 하고, 전통 의례는 뭐 그리 중요하냐? 그렇지 않아?"

투팍이 설득하자 영남이는 다시 헷갈리기 시작했다. 그걸 눈치챈 듯 투팍은 더 달콤한 제안을 했다.

“그래서 하는 말인데 우리가 네가 원하는 대로 없애 주려고 해.”

“네? 뭐를요?”

“쩝, 지금까지 뭐 들었니?「문화와 전통 의례」말이야. 우리가 바이러스를 뿌리면 그 개념들이 모두 다 사라져.”

“그 말은 사람들이 모두 우리 엄마나 친구들처럼 변한다는 건가요?”

“그렇지. 그런 세상이 오면 너희 엄마나 친구들의 행동은 전혀 이상한 일이 아닐 거야. 왜냐하면 다 같이 관심이 없을 테니까 말이야.”

영남이는 고개를 갸우뚱거렸다. 맞는 말 같기는 한데……. 하지만 악당들의 말을 믿어도 될까? 뭔가 개운하지 않은 느낌이었다.

“그런데 그렇게 하는 이유가 뭐예요?”

“그냥 무료 봉사지. 우리는 우주에서 소문난 봉사단이란다. 너처럼 개념을 배우기 싫어하는 아이들을 행복하게 해 주는 것이 우리의 즐거움이야!”

투팍은 입술에 침도 바르지 않고 거짓말을 술술 하는 원팍에게 감탄했다.

“안드로메다 요원들은 두 분이 악당이라고 하던데요?”

영남이가 눈을 가늘게 뜨고 여전히 의심하는 눈길을 보내자, 투팍은 손사래까지 치며 말했다.

“우리가 악당이면 너를 얌전히 우주선까지 모셔 왔겠니?”

그건 또 맞는 말 같았다. 그 순간을 놓치지 않고 투팍이 슬쩍 미끼를 던졌다.

“대신 네가 하나 해 줄 일이 있단다.”

“뭔데요?”

“「전통 의례」에 관심 있는 사람들이 많은 곳을 알고 있니?”

“그 개념을 보낸 제가 어떻게 알겠어요?”

그 말에 투팍과 원팍은 실망스러운 표정을 지으며 서로 바라보았다.

“아, 그러기에 이 녀석은 뭐하러 납치했어? 도움이 하나도 안 되잖아!”

“잠깐만 기다려 봐라!”

원팍이 영남이한테 성큼성큼 다가갔다. 그리고 우락부락한 얼굴을 영남이에게 바짝 갖다 댄 뒤, 이상하게 생긴 집게를 흔들며 위협했다.

“이 녀석아, 빨리 생각해 봐라. 말을 하지 않으면 이 집게로 코를 콱 집어 버릴 거야. 아마 꽤 아플걸. 흐흐흐!”

원팍의 협박이 효과가 있었는지 마침 영남이는 아침에 아빠가 당부한 말이 떠올랐다.

“너도 학교 마치고 돌잔치에 꼭 와야 한다!”

영남이는 시계를 보았다. 돌잔치 시간이 다가오고 있었다. 영남이는 우주 악당들을 올려다보았다. 악당들을 도와준다는 게 영 내키지는 않았지만 억지로 가야 하는 돌잔치도 그만큼 싫었다.

“같이 갈 만한 곳이 생각났어요.”

“오, 그래? 너도 이제 우리의 목적에 공감하는구나?”

영남이는 원팍의 말에 대답하지 않았다. 단지 속으로 말했다.

‘뭐, 돌잔치 하나쯤은 엉망이 되도 괜찮다고 생각하기는 해요!’

그 시각 체육관의 지하 창고에 갇힌 두 요원은 문을 열기 위해 안간힘을 쓰고 있었다. 하지만 단단히 잠긴 철문을 열기는 쉽지 않았다. 메타는 뒤를

획 돌아보았다.

"이게 다 너 때문이야!"

"내가 뭘?"

"왜 성급하게 저걸 큐브라고 생각한 거야? 악당들이 큐브를 그냥 내버려 뒀을 리가 없잖아!"

"그 녀석들이 설마 함정을 만들었을 거라고 생각했나 뭐."

아작이 머리를 긁적이며 변명을 했다.

"다른 아이로 변신까지 해서 큐브를 가로채는 대담한 녀석들이야. 그렇게 방심하면 안 되지!"

"잔소리 좀 그만하시고 여길 빠져 나갈 방법이나 찾아보시지!"

"잔소리가 아니라 조심하자는 이야기야."

"아, 그럼 국왕님한테 보고를 하든지!"

메타가 자꾸 면박을 주자 아작 역시 신경질을 내며 말했다.

"아니면 네 잘난 슈퍼컴으로 빠져나갈 수 있는 방법이나 찾아보라고!"

"맞다! 슈퍼컴이 있었지!"

메타는 그제야 생각났다는 듯 슈퍼컴을 작동시켰다. 그러자 곧바로 홀로그램이 떠올랐다. 아작이 못 믿겠다는 눈길로 그 모습을 바라보았다.

"흥, 이번에는 제대로 답변하는 거야?"

"기다려 봐! 누가 열어 줄 때까지 가만히 기다리는 것보다는 낫겠지."

메타는 의기양양하게 말하며 슈퍼컴에게 질문을 했다.

"이곳에서 빠져나갈 수 있는 방법을 알려 줘!"

홀로그램의 불빛이 빠르게 움직이더니 곧 글자가 하나씩 떠올랐다.

"이런!"

답변을 본 메타의 얼굴이 일그러졌다.

"이게 뭐야? 또 하나마나 한 이야기잖아? 푸하핫!"

아작이 배를 잡고 창고 바닥을 구르며 웃었다.

"그만 좀 웃어!"

하지만 한번 터진 아작의 웃음은 멈추지 않았다.

"누가 열어 줄 때까지 기다리래! 하하핫!"

심각한 상황인데도 계속 웃어대는 아작을 보며 메타는 체념한 듯 중얼거렸다.

"그래, 웃어라 웃어!"

그때였다. 덜그럭거리며 창고의 문고리를 잡는 소리가 들렸다.

"무슨 소리지?"

아작이 놀란 얼굴로 중얼거렸다.

개념 정리

우리나라의 전통 의례 ②

장례식

구분	옛날	오늘날
차이점	자손들은 삼베로 지은 상복을 입고, 머리에는 건을 쓰고, 짚신을 신었다. 집에서 장례를 치른 후, 마을 사람들과 함께 상여를 메고 산소로 간 다음, 땅에 묻었다. 자식이 산소 옆에 움막을 짓고 3년 동안 산소를 돌보았다.	주로 병원이나 전문 장례식장에서 장례를 치른다. 상주는 검은 양복을 입고, 팔에는 삼베 헝겊을 두른다. 시신을 땅에 묻어 산소를 만들기도 하지만, 화장을 한 뒤 납골당 또는 납골묘에 모시거나 수목장시신을 화장하여 뼛가루를 나무뿌리에 묻는 방법을 하기도 한다.
공통점	가족 구성원의 죽음을 함께 슬퍼한다.	

제사

구분	옛날	오늘날
차이점	음식을 많이 준비한 뒤 밤 12시가 넘으면 지냈다. 절차가 복잡하고 까다로웠으며, 먼 친척도 찾아와 함께했다. 남자들만 제사에 참여할 수 있었다.	음식은 간단하게 차리며, 시간에 얽매이지 않고 지낸다. 절차 또한 간소해졌고, 가까운 친척들이 모여 함께하며, 남자와 여자 모두 참석한다.
공통점	조상의 덕을 기리고, 후손에게 복을 내려 주기를 바라는 마음에서 지낸다.	

6장
전통 의례는 필요 없어!
Andromeda Broadcast Corporation

엉망이 된 돌잔치

◎◎◎ 돌잔치 장소에 도착한 투팍 일행은 평범한 하객으로 변신해 안으로 들어갔다. 음식점 한가운데에 영남이 아빠와 엄마의 모습이 보였다. 엄마는 여전히 넋이 나간 표정이었다. 화면에서는 아기가 태어날 때부터 지금까지의 사진이 나오고 있었다. 사람들은 재미난 사진이 나올 때마다 웃고 박수를 치느라 여념이 없었다. 이어서 돌잔치의 최고 행사인 돌잡이 순서가 되었다. 그때 투팍은 블랙 큐브를 꺼내어 쓰다듬었다. 그러자 큐브에서 바이러스가 안개처럼 퍼져 나갔다.

"지금 뭐하는 거예요?"

영남이가 투팍에게 물었다. 투팍은 대답 대신 묘한 미소를 지으며 돌잔치에 온 사람들을 바라보았다. 안개가 퍼져 갈수록 하객들의 표정이 다들 멍해졌다. 돌잡이를 하던 아기가 연필을 집었는데도 아무도 박수를 치거나 웃지 않았다. 진행을 보던 사회자도 마이크만 들고 있을 뿐 조용히 서 있었다. 시끌벅적하던 잔치에 침묵만이 흘렀다. 잠시 후 침묵을 깨고 누군가가 큰 소리로 외쳤다.

"이런 게 다 무슨 소용이야? 모두 잘못됐어!"

그 말을 시작으로 사람들이 한마디씩 거들었다.

"흥! 아기 생일은 자기들끼리 축하할 것이지 왜 바쁜 사람을 오라 가라야!"

"그러게. 아기 없는 사람은 서러워서 살겠나?"

하객들 사이에서 축하의 말이 아닌 악담이 터져 나오자 아기 부모의 표정이 굳어졌다. 하지만 아기 부모에게도 바이러스가 영향을 끼치고 있었다.

"우리가 여기서 왜 돌잔치를 한 거지? 다 그만두자고!"

그러자 아이 엄마도 아빠의 말에 동의했다.

"그러게요. 첫 생일이 뭐 그리 대단한 거라고 우리가 사람들을 초대했을까요?"

"으앙! 으앙!"

갑자기 변한 분위기를 본능적으로 느꼈는지 아기가 울음을 터뜨렸다. 손에는 여전히 연필을 꽉 쥐고 있었다. 하지만 누구 하나 아기를 달래 줄 생각을 하지 않았다. 원팍은 마음먹은 대로 되어가는 것을 확인한 후, 품 안에서 다맹글어 박사의 신형 블랙 큐브를 꺼냈다. 그걸 본 투팍이 걱정하며 말했다.

"이번에도 다 잡혀서 부서지는 것 아니야?"

"그때는 갑자기 들이닥친 요원들 때문이었지. 그리고 신형 블랙 큐브는 아직 많이 있으니 걱정 마라!"

원팍이 공중으로 큐브를 던지며 외쳤다.

"자, 이제 출동이다!"

블랙 큐브는 이번에도 공중에서 조각조각 나뉘었다. 그리고는 사람들의 머리 위로 뭉게뭉게 피어나는 개념을 담기 위해 윙윙 소리를 내며 날아갔다.

“야호, 이번에는 제대로 성공했다고!”

난장판이 된 돌잔치를 뒤로 하고, 원팍 형제는 우주선에 올라 덩실덩실 춤을 추었다. 이번만큼은 바이러스 공격이 완벽하게 성공한 것이다.

“역시 형이 오니 뭐가 달라도 달라!”

매번 성공하기 직전에 실패했던 투팍은 감격의 눈물을 흘렸다. 우주선으로 돌아온 원팍은 개념으로 꽉 찬 신형 블랙 큐브를 열었다. 그리고 그 안에서 개념 원구를 꺼내어 비어 있는 투팍의 블랙 큐브로 계속 옮겨 담았다. 영남이는 그들을 가만히 지켜보았다. 가기 싫었던 돌잔치가 소원대로 엉망이 됐는데도 기분이 썩 좋지 않았다. 울음을 터뜨리던 아기 생각을 하니 오히려

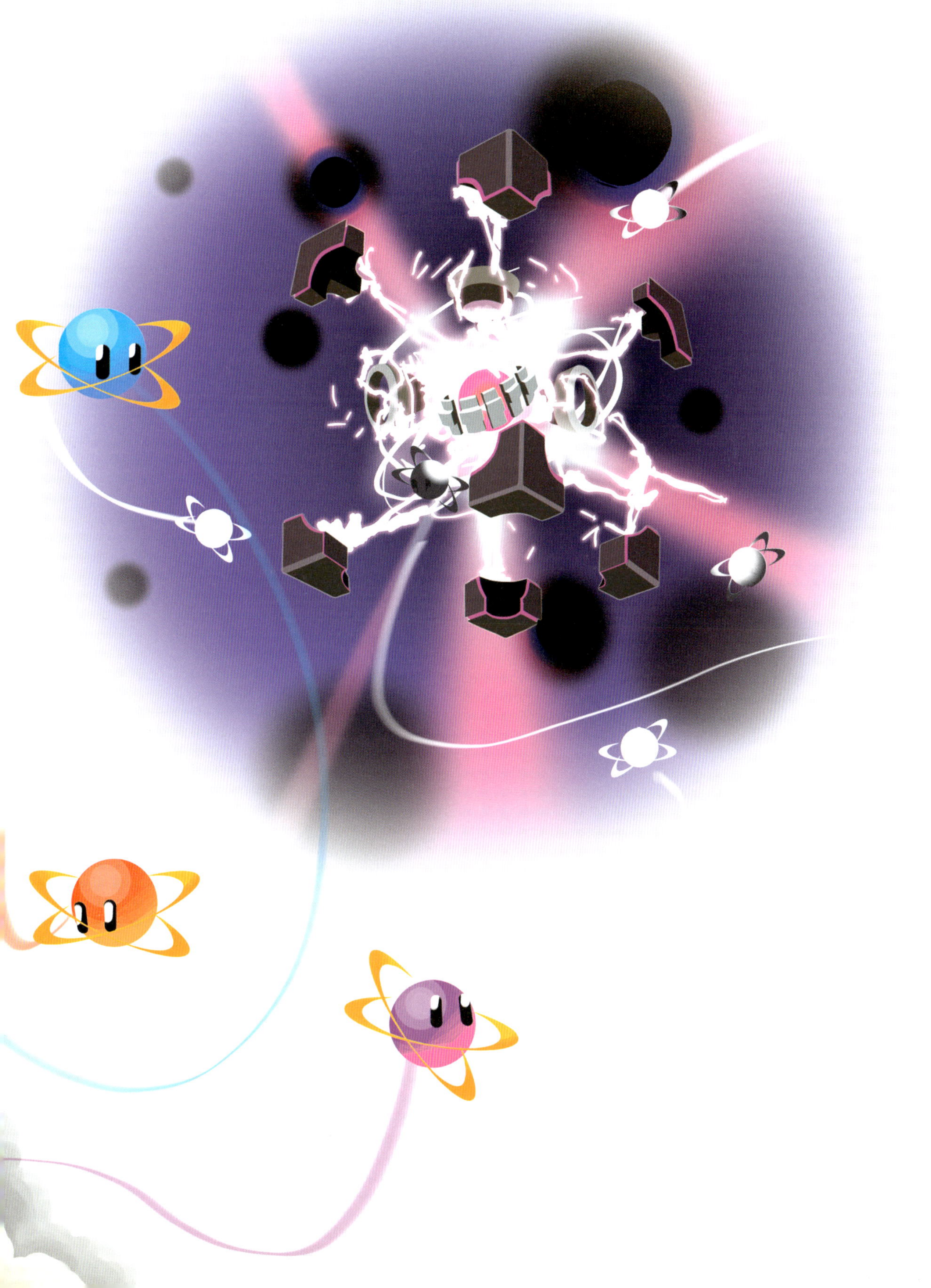

마음이 아팠다. 조용히 있는 영남이가 신경 쓰이는지 투팍이 말했다.

"네 덕분에 돌잔치에서 개념을 뽑아내는 데 성공했어. 다 네 덕이야. 자, 이제 사람들이 더 많은 곳으로 가자! 혹시 생각나는 데 없냐?"

"몰라요."

영남이는 고개를 저었다.

"네가 보내 버린 「문화와 전통 의례」 개념이 시시한 줄 알았는데 나름 재미있어. 그치, 혀엉?"

정말 기분이 좋아졌는지 투팍은 정을 듬뿍 담아 원팍을 불렀다. 혼자 살겠다고 도망친 형에 대한 원망도 눈 녹듯 사라졌다.

개념을 모두 옮겨 담고 우주선을 조종하던 원팍이 투팍에게 말했다.

"싸랑하는 동생아! 그런데 하나 궁금한 것이 있다. 아까 돌잔치에서 아기가 연필을 집는 건 뭐냐?"

"그게 돌잡이잖아!"

"돌잡이라니?"

"에이, 형도 한국 사람들의 개념을 빼앗으려면 이곳 문화에 대해 공부 좀 해. 사람들이 돌잔치를 하는 이유가 뭐겠어? 바로 아기의 건강과 성장을 함께 기뻐하고 축복하기 위한 거라고."

"그래서?"

"돌잔치에서 돌잡이는 아기가 커서 돌잡이 때 잡았던 물건과 관련된 일을 하지 않을까 예상해 보는 시간이야. 물론 다 믿는 건 아니지만 옛날부터 내려온 전통이지. 사실 갓 걷기 시작한 아기가 뭘 알겠어? 그냥 아기가 건강하고 잘 자라기를 바라는 마음에서 하는 거야."

"아하! 꽤 재미있는 풍습인걸?"

어렸을 때 사랑이나 축복을 받은 기억이 전혀 없는 원팍은 돌잔치의 주인공인 아기를 떠올리며 부러워했다.

"내 생각에도 어린 아기에게 해 주는 돌잔치 문화가 꽤 괜찮은 것 같아. 아, 맞다! 그거 기억나?"

투팍이 형에게 물었다.

"뭐?"

"우주 악당 기숙학교에서 다 같이 애완용 에일리언을 잡으러 갔을 때 말이야."

"아, 그때? 힘들기는 했지만 정말 재미있었는데!"

에일리언이란 말에 영남이의 귀가 쫑긋 세워졌다. 공상 과학 영화는 영남이가 가장 좋아하는 분야였다.

"아저씨들이 에일리언을 잡았다고요? 에일리언이 정말 있어요?"

"그럼! 우주가 얼마나 넓은데. 별별 생물이 다 있어. 우리처럼 아주 잘생긴 사람들도 있지만 흉측하게 생긴 괴물들도 아주 많단다."

"에일리언이 무섭지는 않나요? 대체 어떻게 잡는 거예요?"

영남이의 질문에 투팍과 원팍이 서로 바라보더니 낄낄대며 웃었다.

"무섭다니? 에일리언은 행운의 상징이야. 그걸 잡아서 자기한테만 충성하도록 길들이면 행운이 찾아온다고!"

"정말요?"

영남이는 머리를 망치로 맞은 듯했다. 지구에서는 아주 무섭고 흉측한 괴물로 여겨지는 에일리언이 외계인들 사이에서는 행운의 상징이라니……. 그러고 보니 영남이도 프랑스에 살다가 한국으로 왔을 때 놀란 것이 있었다. 바로 '용'이었다.

서양의 전설에서 용은 대부분 아주 사악하고 인간에게 해를 끼치는 존재였다. 하지만 한국은 정반대였다. 한국에서는 용이 아주 신성시되고 있었다. 꿈속에 나타나면 큰 행운이 찾아온다거나 아주 좋은 태몽으로 여겼다. 심지어 용꿈을 꾸는 날에는 복권을 산다고도 했다.

각 나라마다 다르게 생각하는 것은 그것만이 아니었다. 종교와 음식도 나라마다 달랐다. 힌두교를 믿는 친구들은 돼지고기는 먹지만 소는 신성한 동물이라 생각해서 먹지 않는다. 반대로 이슬람교를 믿는 사람들은 쇠고기는 먹지만 돼지는 부정한 동물로 여겨서 먹지 않았다. 하지만 한국 친구들은 쇠고기나 돼지고기를 모두 먹었다.

'이런 게 바로 문화에 따라 생기는 생활 모습의 차이인가?'

영남이는 엄마가 그렇게 강조했던 각 나라 간의 문화적 차이라는 말을 조금이나마 알게 된 것 같았다.

"넌 뭐가 그렇게 심각하니?"

투팍이 생각에 잠긴 영남이를 보며 물었다. 그때 우주선을 조종하던 원팍이 불쑥 소리를 질렀다.

"아니! 저 녀석들은 뭐야?"

영남이의 대활약

◎◎◎ 원팍의 우주선 뒤쪽으로 안드로메다 요원들의 우주선이 따라오고 있었다.

"대체 지하 창고에서 어떻게 빠져나온 거지?"

투팍이 상기된 얼굴로 말했다. 바이러스를 이곳저곳에 계속 뿌려서 개념을 더 많이 모아야 하는데 요원들이 걸리적거릴 게 뻔했다. 요원들의 우주선은 원팍의 우주선에 더 바짝 다가왔다.

"잘됐어. 이번 기회에 저 녀석들의 우주선을 추락시키자!"

투팍이 원팍에게 외쳤다.

"동생아, 우리 우주선에 무기가 있니?"

원팍이 차분하게 되물었다.

"없지……. 그럼 어떡해?"

원팍은 조종간을 더욱 꽉 잡고 큰 소리로 대답했다.

"더 빨리 도망가야지!"

"또 도망간다고?"

투팍은 실망하며 말했다. 그나마 다행인 건 이번에는 함께 도망을 가게 된 것이다. 하지만 두 사람이 잊은 게 하나 있었다. 바로 영남이였다.

'지금이 기회야!'

영남이는 악당들이 떠드는 사이, 블랙 큐브를 쌓아 둔 곳으로 몰래 다가갔다. 그리고 원팍의 신형 블랙 큐브를 하나 골라 공중으로 던졌다. 블랙 큐브는 산산조각이 나며 우주선 안을 쌩쌩 날기 시작했다. 영남이는 잽싸게 납작 엎드렸다. 여러 개로 조각 난 블랙 큐브는 좁은 우주선 안을 빙빙 돌다가 체격이 큰 원팍의 머리에 탁탁탁 부딪혔다.

"윽!"

조종간을 잡은 원팍이 휘청거렸다. 그 탓에 우주선이 기우뚱거렸다. 영남이는 그 틈에 계기판 쪽으로 기어갔다. 그리고 계기판의 아무 버튼이나 마구 눌러댔다. 곧 여기저기에 불빛이 들어오고 우주선이 마구 흔들리기 시작했다. 급기야 우주선의 천장 유리문이 스르륵 열리면서 바람이 세차게 들어왔다.

원팍은 마구 휘젓고 다니는 큐브 조각들을 피하느라 우주선을 제대로 조종할 수 없었다. 투팍도 손을 휘저으며 조각들을 피해 다녔지만 워낙 수가 많아서 정신을 차릴 수 없었다. 그 사이 요동치는 우주선 때문에 조각난 큐브 조각들이 창문 사이로 빠져나갔다. 그 사이 안드로메다 우주선은 원팍의 우주선 옆으로 더 바짝 붙었다. 아작이 조종하는 모습이 훤히 보였다.

"형, 뭐하는 거야? 빨리 더 높이 올라가!"

투팍이 다급하게 외쳤다. 그제야 정신을 차린 원팍이 조종간을 위쪽으로 당겼지만 영남이가 버튼을 마구잡이로 눌러 둔 탓에 뜻대로 되지 않았다. 우주선은 오히려 점점 추락하고 있었다. 투팍의 우주선과 나란히 날던 아작은 창문을 내리고 소리쳤다.

"영남아, 이리 뛰어!"

아작의 외침에 영남이는 겁에 질린 표정을 지었다. 우주선은 땅이 보이지 않을 정도로 높이 날고 있었다. 게다가 속도까지 빨랐다. 건너뛰다가 떨어지기라도 한다면…….

"빨리 뛰라니까!"

아작이 다시 한 번 재촉했다.

"여기서 어떻게 뛰어요!"

영남이가 꽥 소리를 질렀다. 그제야 아작은 자신의 말이 조금 지나쳤다는 것을 알았는지 허리춤에서 밧줄을 꺼냈다. 그리고 메타에게 조종간을 맡긴 뒤 밧줄을 휘휘 돌리다가 영남이를 향해 휙 던졌다. 밧줄 끝의 올가미는 정확히 영남이의 몸을 통과해 허리를 감쌌다.

"자, 당긴다!"

그 말과 동시에 아작은 밧줄을 자기 쪽으로 당겼다. 영남이는 우주선 밖으로 몸이 빠져나가려는 순간, 팔을 쭉 내밀어 투팍의 망토를 잡았다.

"앗! 뭐야?"

졸지에 망토를 잡힌 투팍은 영남이와 함께 우주선 밖으로 끌려 나왔다. 투팍은 그 와중에도 재빨리 손을 뻗어 창 가장자리를 꽉 잡았다. 두 대의 우주선 사이에 영남이와 투팍이 대롱대롱 매달려 있었다. 게다가 원팍의 우주선은 아래로 계속 추락하는 중이어서 요원들의 우주선도 같이 아래로 내려

영동 IC
52
513

갈 수밖에 없었다. 영남이는 현기증이 났다. 아작이 다급하게 외쳤다.

"영남아, 그 녀석 망토를 놔라!"

하지만 영남이는 순순히 놓아줄 생각이 없었다. 귓가를 세차게 스치는 바람소리와 끝도 보이지 않는 하늘이 무서웠지만 투팍한테 꼭 돌려받을 것이 있었다.

"큐브 줘요!"

"으윽, 뭐라고?"

손가락 끝으로 힘겹게 버티던 투팍이 물었다.

"내 개념 큐브 돌려 달라고요!"

"이 녀석아! 지금 그게 문제냐? 빨리 내 망토나 놔라! 우리 다 죽게 생겼어!"

"그러니까 죽기 싫으면 빨리 큐브 달라고요!"

영남이가 계속 조르자 투팍은 더욱 황당한 얼굴이 되었다. 영남이는 추락하는 우주선에 아랑곳하지 않고 배짱을 부렸다.

바람 소리가 더욱 거세졌다. 거센 바람에 투팍의 온몸이 사시나무처럼 떨렸다. 이제 슬슬 아래로 땅이 보이고 있었다. 이대로 추락하면 말린 오징어가 되는 건 시간문제였다. 우주선 안에서는 원팍이 계기판을 여기저기 만지며 추락을 막기 위해 애쓰고 있었다. 투팍이 소리를 질렀다.

"혀엉! 나부터 올려 줘!"

그 말에 원팍이 투팍을 슬쩍 보며 말했다.

"기다려! 이거부터 고치고 올려 줄게!"

조금 전과는 다른 냉정한 목소리였다.

"헉, 동생이 더 중요하지. 그깟 우주선 고치는 게 문제야?"

그러자 원팍이 다시 슬쩍 쳐다보며 말했다.

"싸랑하는 동생아, 우주선을 고치지 못하면 우리는 어차피 죽어. 일단 버티고 있어 봐!"

결국 우주선 안으로 올려 줄 생각이 없다는 말이었다. 투팍은 또다시 배신감에 몸을 떨었다. 그런 투팍의 마음도 모른 채 영남이는 계속 외쳤다.

"빨리 큐브 내놔요!"

우주선을 잡은 투팍의 손가락에서 감각이 사라져 갔다. 더는 버틸 힘이 없었다. 투팍은 한 손을 뻗어 품 안에서 큐브를 꺼내 영남이에게 내밀었다.

"자, 받아라!"

"이 악당 외계인 아저씨, 참 개념 없네! 이 상황에 그걸 제가 어떻게 받아요. 저 우주선 안으로 던져요!"

투팍은 그런 영남이가 무척 얄미웠다.

'아까 잡았을 때 그냥 확 해치우는 건데!'

하지만 이제 와서 후회해 봤자 소용이 없었다. 투팍은 모든 것을 체념하고 큐브를 아작의 우주선 안으로 던졌다.

"이제 놔 줘라!"

투팍의 말이 끝나자마자 영남이는 망토를 잡았던 손을 놓았다. 영남이는 순식간에 요원들의 우주선 안으로 빨려 들어갔다. 투팍 역시 그 반동으로 원팍의 우주선 안으로 쏙 들어갔다.

“야, 너 정말 대단하다!”

아작이 우주선 안으로 들어온 영남이를 보며 진심으로 감탄했다. 엄청난 속도로 하늘을 나는 두 우주선 사이에서 망토를 잡고 늘어지는 일은 요원이라도 쉽게 할 수 없는 일이었다. 영남이는 대답 없이 한곳만 보고 있었다. 아래로 떨어지는 원팍의 우주선이었다.

“곧 추락하겠네요…….”

미운 정이라도 들었는지 막상 우주 악당들이 저렇게 사라질 것이라고 생각하니 불쌍한 마음이 들었다. 하지만 땅에 닿기 바로 직전, 원팍의 우주선은 가까스로 방향을 바꿔 공중으로 치솟기 시작했다. 마치 우주를 향해 발사된 로켓처럼 일직선으로 날아오른 우주선은 비틀비틀거리며 대기권 너머로 사라졌다.

“운이 좋은 녀석들이군!”

그 광경을 보며 아작이 중얼거렸다.

“흠흠, 운이 좋은지 나쁜지는 더 두고 봐야 알겠지. 저 녀석들, 우주선 상태가 영 아닌 것 같은데?”

메타가 작게 중얼거렸다. 우주선이 고장 났다면 우주를 끝없이 떠도는 우주 미아가 될 수도, 아니면 어느 행성으로 불시착할 수도 있었다. 모든 건 두 악당의 운명에 맡길 수밖에 없었다.

영남이는 투팍에게 받은 큐브를 살펴보았다. 처음 만져 보는 것이었다. 중간에 개념을 익힌 덕분에 어느새 삼면에 빛이 들어와 있었다. 갑자기 뭔가 생각난 듯 영남이가 요원들에게 물었다.

"그런데 지하 창고에서는 어떻게 빠져나온 거예요?"

"운동에 푹 빠진 체육 선생님 계시지?"

영남이가 고개를 끄덕였다. 볼 때마다 끊임없이 여러 가지 운동을 하고 있어서 운동돌이라는 별명을 가진 남자 선생님이었다.

"그분이 운동 기구를 가지러 오셨더라고. 그 덕분에 탈출할 수 있었어!"

"그랬군요."

어쨌든 무사히 빠져나와서 정말 다행이었다. 하지만 뭔가 찜찜한 기분이 들었다. 잠시 고민하던 영남이는 마침내 그 이유를 생각해냈다. 그리고 요원들에게 부탁했다.

"돌잔치가 열렸던 곳으로 가 주세요. 아직 처리할 일이 하나 남았어요."

돌잔치 장소에 도착한 영남이와 요원들은 깜짝 놀랐다. 영남이 일행보다 더 빨리 온 물건들이 있었다. 바로 큐브 조각들이었다. 뚜껑이 열린 우주선에서 튀어나와 여기저기 방황하다가 개념을 찾아 이곳까지 온 것 같았다.

"잘됐네요. 저 녀석들이 여기 있는 사람들의 개념을 모두 먹었거든요."

다행히도 사람들은 여전히 그 자리에 있었다. 신형 블랙 큐브에 개념을 빼앗긴 사람들은 넋이 나간 듯 멍하게 앉아 있었다. 영남이의 엄마, 아빠도 자리에 그대로 앉아 있었다. 아기가 계속 울고 있었지만 누구 하나 달래지 않았다. 아기의 엄마, 아빠도 돌잔치를 연 자신들을 자책하며 넋을 잃은 듯 서 있었다. 영남이는 가슴 한쪽이 아팠다. 축하를 받아야 할 자리에서 사람들로부터 욕설과 험한 소리만 들은 것이다. 모두 자신 탓이었다.

"저한테 편견이 있었던 것 같아요."

영남이가 요원들을 보며 조용히 말했다.

"어렸을 때부터 살았던 프랑스의 문화만 생각하고, 한국만의 고유한 문화를 이해하지 못했나 봐요."

메타가 영남이의 머리를 대견하다는 듯 쓰다듬었다.

"수천 년 전부터 이어 내려온 문화를 인정하지 않는 건 우리의 존재 자체를 인정하지 않는 것과 같단다. 비록 요즘에 와서 번거롭게 느껴지거나 꼭 필요한 게 아니더라도 잘 보존하고 이어 나가야 할 가치는있는 법이지!"

"그러게요. 저도 종갓집의 종손이라는 것을 자랑스럽게 생각했어야 했는데……."

"야, 이 녀석아! 네가 우주선 사이에 용감하게 매달린 것만 봐도 이미 종갓집 종손 자격은 충분해!"

아작이 씩 웃으며 말했다.

"헤헤, 그런가요? 아무튼 이제부터 나의 반쪽인 한국의 문화와 전통을 잘 이해하고 공부해야겠어요. 그리고……."

영남이는 말꼬리를 흐리며 자기의 개념 큐브를 들어 올렸다.

"이건 앞으로 제 자손들에게 대대로 전하는 가보로 삼을 거예요."

"뭐라고? 하하하!"

요원들이 영남이의 말에 웃음을 터뜨릴 때였다. 영남이가 든 큐브의 나머지 한쪽 면에서 전구가 팍 하고 켜지듯 무지갯빛이 새어 나왔다. 그러자 돌잔치에 왔던 사람들의 얼굴에 생기가 돌기 시작했다. 공중에 떠 있던 블랙 큐브는 결국 힘없이 바닥으로 떨어졌고, 개념들은 스멀스멀 빠져나와 원래 주인에게로 다시 돌아갔다.

"네가 개념 원구와 마음이 통하니까 바이러스의 효력이 사라진 거란다."

메타가 웃으며 말했다.

그 순간 영남이의 큐브가 요란하게 흔들리면서 뚜껑이 탁 하고 열렸다. 툭 튀어나온 개념 원구는 막을 새도 없이 영남이의 입안으로 쏙 들어갔다. 안드로메다 요원들은 흐뭇한 얼굴로 그 모습을 지켜보았다.

"우와, 이거 엄청 맛있는데요?"

그 말을 하는 영남이의 눈에 환하게 웃으며 다가오는 엄마와 아빠의 모습이 보였다. 두 분은 다시 사이가 좋아진 듯 손을 꼭 잡고 있었다. 영남이는 엄마, 아빠와 함께라면 한국 생활도 잘 해낼 수 있을 것 같았다. 영남이가 달려가자 엄마, 아빠는 활짝 웃으며 양팔을 벌려 영남이를 안아 주었다.

개념 정리

[문화(文化)]

문화는 한 사회나 집단이 가진 독특한 생활 방식을 뜻한다. 즉, 같은 사회 안의 사람들이 함께 배우고 공통으로 가지는 모든 생활 방식을 말한다. 음식, 옷, 집처럼 눈에 보이는 것뿐만 아니라 풍습, 도덕, 종교, 예술, 제도 등 눈에 보이지 않는 것도 포함한다.

[전통문화]

전통문화는 옛날부터 전해 내려오는 그 나라 고유의 문화를 말한다. 전통문화는 과거와 현재를 이어 주면서 우리 민족이 공동체 의식을 느낄 수 있게 하는 역할을 한다. 하지만 몇몇 사람들은 전통문화를 단순히 지나간 과거라고 여겨 중요하지 않다고 여기기도 한다. 물론 나쁜 풍습의 경우 버리거나 고쳐야 하는 것이 옳지만, 그렇지 않다면 잘 보존하여 계속 발전시켜 나가는 것이 바람직하다.

[현대 사회의 다양한 문화]

현대 사회에 들어서 이민과 국제결혼이 늘어나는 만큼 한 나라 안에서도 여러 문화의 모습을 함께 볼 수 있다. 또한 한 사회에서 태어나고 자란 사람들 가운데 생각이나 취향이 비슷한 사람들끼리 모여 그들만의 특별한 문화를 만들기도 한다. 도시와 농촌, 그리고 아이들과 어른들의 문화 역시 서로 다르다. 이렇듯 사회가 점점 더 빠르고 복잡하게 변하면서 문화 역시 다양한 모습을 보인다.

[다문화]

문화는 자연환경이나 역사와 전통, 그 사회 속에서 살아가는 사람들의 모습에 따라 달라진다. '다문화'는 '많을 다(多)'에 '문화(文化)'라는 말이 합쳐져 '여러 나라의 생활양식'을 가리킨다. 요즘처럼 다양한 문화를 가진 사람들이 한 곳에서 사는 경우에는 서로에 대한 편견을 버리고 서로 이해하려는 자세가 가장 필요하다.

에필로그

화성인들이 모두 사라지고 황토색의 흙만이 가득한 화성은 오늘도 조용했다.

하지만 그 침묵을 깨고 어디선가 쉬이익 하는 소리가 들려왔다. 곧 저 멀리 우주에서 하얀 연기에 휩싸인 무언가가 빠르게 날아왔다. 바로 원팍의 우주선이었다. 엄청난 속도로 날아온 우주선은 콰쾅쾅 하는 요란한 소리를 내며 화성에 불시착했다. 화성 표면에 흙먼지가 뭉게뭉게 퍼졌다.

원팍의 우주선은 여기저기 불에 그슬린 자국과 운석에 부딪힌 자국으로 엉망이었다. 화성까지 온 것이 오히려 신기할 지경이었다. 흙먼지가 거의 사라질 즈음 쾅 소리와 함께 문이 열렸다. 그리고 그 안에서 탈진 상태의 원팍과 투팍 형제가 엉금엉금 기어 나왔다.

"끄응, 우리가 이게 무슨 꼴이냐?"

원팍이 억울한 얼굴로 말했다.

"형은 이제 절대로 나를 아는 척하지 마!"

"아이고, 싸랑하는 동생아, 왜 또 그러냐?"

"정말 몰라서 물어?"

투팍은 쌜쭉한 얼굴로 고개를 돌린 뒤 힘겹게 걷기 시작했다.

"너, 어디 가냐?"

"다시 지구로 가야지!"

투팍은 이를 빠드득 갈며 말했다. 지구 정복의 꿈을 이렇게 접을 수는 없었다.

"우주선도 다 망가졌는데 어떻게 가려고?"

투팍은 걸음을 멈추고 형을 휙 노려보며 말했다.

"배신자 형도 못 믿겠고, 이제 기댈 곳은 딱 한 군데뿐이네요!"

"그게 어딘데? 그리고 내가 배신한 게 아니고, 정말 우주선을 고친 다음에 올려 주려고 했다니까! 야, 기다려 봐!"

원팍은 변명을 하며 허둥지둥 투팍의 뒤를 쫓았다. 저 멀리에서 다맹글어 박사의 비밀 기지 깃발이 나부끼고 있었다.

낱말 풀이

[구성원] 어떤 조직이나 단체를 이루는 사람들

[개념] 일, 물건, 현상에 대한 일반적인 생각이나 지식

[겸연쩍다] 쑥스럽거나 미안하여 어색하다.

[고리타분하다] 1. 냄새가 신선하지 못하고 썩은 풀이나 썩은 달걀 등에서 나는 것과 같다.
2. 행동이나 성격, 마음씨, 분위기 등이 새롭지 못하고 답답하다.

[고정 관념] 1. 잘 변하지 않는 확고한 생각
2. 사람들이 가지는 단순하고 지나치게 일반화된 생각들

[공경] 공손히 받들어 모심

[관습] 사회에서 오랫동안 지켜 내려온 것으로, 사람들이 널리 인정하는 질서나 풍습

[권위주의적] 권위를 내세우는 것. 권위란 남을 지휘하거나 따르게 하는 힘 또는 일정한 분야에서 사회적으로 인정을 받고 영향력을 끼칠 수 있는 힘을 말한다.

[대기권] 지구를 둘러싸는 공기의 범위

[돌림자] 항렬(한 집안 사람임을 보여 주며, 세대 관계를 알 수 있는 말)을 나타내기 위하여 이름 속에 넣어 쓰는 공통된 글자

[동의] 1. 같은 뜻 2. 생각이나 의견을 같이 함

[맹렬하다] 기세가 몹시 사납고 세차다.

[문중] 성(姓)과 본(本, 나의 첫 조상이 난 곳)이 같은 가까운 집안

[배려] 도와주거나 보살펴 주려고 마음을 씀

[버팀목] 1. 물건이 쓰러지지 않게 받쳐 세우는 나무
2. 외부의 힘이나 압력에 맞서 견딜 수 있도록 해 주는 사람이나 사물을 비유적으로 이르는 말. 버팀돌이라고도 한다.

[본색] 원래의 빛깔이나 생김새 또는 특색이나 정체

[부작용] 어떤 일에 따라서 생기는 바람직하지 못한 일

[불시착] 의도하지 않게 갑자기 도착하는 일

[신공] 원래는 신의 업적과 덕을 뜻하는 말로, 요즘에는 놀라운 기술을 보여 줄 때 비유해서 사용하기도 한다.

[신기루] 1. 빛이 꺾이는 현상(굴절 현상) 때문에 공중이나 땅 위에 무엇이 있는 것처럼 보이는 일
2. 갑자기 나타나 짧은 시간 동안 유지되다가, 곧 사라져 버리는 아름답고 환상적인 일이나 현상 등을 비유적으로 이르는 말

[입양] 옛날에는 아들이 없는 집에서 대를 잇기 위하여 친척 남자아이를 데려다 기르는 것을 말했다. 하지만 요즘은 핏줄이 아니더라도 아이를 데려와 법적으로 한 가족이 되는 것까지 모두 뜻한다.

[자화자찬] 자기가 그린 그림을 스스로 칭찬한다는 뜻으로, 자기가 한 일을 스스로 자랑함을 이르는 말

[전조등] 기차나 자동차의 앞쪽에 단 등으로, 앞을 비추는 데에 쓴다. 헤드라이트라고도 한다.

[정예] 능력이 우수하고, 어떤 일을 맡아 기운차게 해 낼 수 있는 힘이 있음 또는 그런 사람

[종갓집] 종가라고도 하며, 족보로 보아 한 문중에서 맏이로만 이어 온 큰집

[종손] 종가의 대를 이을 맏손자

[탈진] 기운이 다 빠져 없어짐

[편견] 공정하지 못하고 한쪽으로 치우친 생각

[하객] 축하하는 손님

[혈연] 같은 핏줄로 연결된 관계

초등 사회 교과 연계표

3학년 2학기

1. 고장 생활의 중심지
2. 이동과 의사소통
3. **다양한 삶의 모습**
   - 우리들이 살아가는 모습
     - 생활 모습
     - 문화
   - 변화하는 전통 의례
     - 옛날의 전통 의례
     - 오늘날의 전통 의례
   - 세계 여러 나라의 명절과 기념일
     - 우리나라의 명절과 기념일
     - 다른 나라의 명절과 기념일
   - 서로 배우고 존중하는 문화
     - 문화적 편견
     - 다양성

4학년 2학기

1. 경제 생활과 바람직한 선택
2. 여러 지역의 생활

3. 사회 변화와 우리 생활

- 현대 사회의 가족
  - 가족
  - 가족의 의미
  - 가족의 형태
- 성 역할의 변화
  - 성 역할
  - 양성 평등
- 우리 사회의 인구 문제
  - 인구 문제
  - 고령화
  - 저출산
- 여가 생활과 대중 매체
  - 여가 생활
  - 대중 매체
- 사회의 다양성과 소수자의 권리
  - 다양성
  - 소수자 권리

뭐? 안드로메다 요원들이 과학 개념도 배달하러 온다고?
흥, 어림도 없지! 당장 방해하러 갈 테다!
원팍
투팍